민법사례연구

물권편

민법사례연구(물권편)

초판 1쇄 인쇄 2020년 6월 25일
초판 1쇄 발행 2020년 6월 30일

지은이 이선희
펴낸이 신동렬
책임편집 신철호
편　집 현상철·구남희
마케팅 박정수·김지현
외주디자인 아베끄

펴낸곳 성균관대학교 출판부
등록 1975년 5월 21일 제1975-9호
주소 03063 서울특별시 종로구 성균관로 25-2
대표전화 02)760-1253~4
팩시밀리 02)762-7452
홈페이지 press.skku.edu

ISBN 979-11-5550-416-1　93360

잘못된 책은 구입한 곳에서 교환해 드립니다.

民法事例研究

민법사례연구

物權編 물권편

이선희 著

성균관대학교
출판부

| 서문 |

2014. 8. 민사법사례연구의 초판을 발행한 지 어언 6년이 되어 간다.

민사법사례연구가 3학년 로스쿨 학생을 위한 것이라면, 이번에 펴내는 민법사례연구는 기본적으로 1학년 로스쿨 학생을 위한 것이다. 민법을 처음 배우는 학생들을 위하여, 대표적인 연구주제들을 선정한 후 각 주제에 대하여 가장 기본적인 내용을 담고 있는 사례와 문제를 제시하였고, 문제에 대한 결론에 이르는 논리적인 과정을 답안에 현출하는 방법을 익히도록 하였다.

민법사례연구는 물권편을 시작으로 삼았다. 필자가 강의시간에 다루거나 중간고사·기말고사문제로 출제한 사례들을 모아 정리하였고, 변호사시험과 법전협 모의시험 문제 중 비교적 논점이 복잡하지 않은 것을 선별하여 추가하였다. 각 주제의 말미에는 법전협이 선정한 민법표준판례를 간략히 덧붙였다. 필자에게 여력이 되면, 불법행위·부당이득편, 계약편도 펴내게 될 것이다. 아무쪼록 민법을 처음 배우거나 또는 민법의 기초부터 바로잡기를 희망하는 학생들의 사례공부에 조금이나마 도움이 되기를 희망한다.

이번 작업에는 성균관대학교 법전원 4기 졸업생으로서 현재 성
균관대학교 경력개발센터에서 근무하는 황인규 변호사의 도움을 많
이 받았다. 교정작업에 도움을 준 이재원 법무관, 오수현 법무관과
강영준 조교에게도 감사드린다.

2020. 4. 성균관대학교 법학관 연구실에서 저자 이선희

표준판례의 표시 :

본문 중 *표시를 한 판례는 법전원협의회가 2020년 발행한 「민법표준판
례」에 수록된 표준판례이다.
본문 말미에 정리한 표준판례의 번호는 위 「민법표준판례」의 일련번호를 표
시한 것이다.

| 목차 |

제1문

부동산 소유권

1. A는 X 토지의 소유자이고, 위 토지 위에 자신의 비용과 노력을 들여서 Y 건물을 축조하여 건축물관리대장에 소유자로 등재하였으나 보존등기는 하지 않았다.

그 후 A는 B에게 X 토지 및 Y 건물을 매도하고 대금 전액을 수령한 후 점유를 이전하였다. 그러나 X 토지에 대하여는 이전등기를 넘겨주지 않았고, Y 건물은 미등기상태에서 A는 C에게 X 토지와 Y 건물을 2중으로 매도하고 X 토지에 대해서만 C명의의 이전등기를 마친 후 사망하였다. A에게는 상속인으로서 처 甲이 있다.

가. C가 A-B 간의 매매계약사실을 알지 못한 채 A와 매매계약을 체결하였다면, 현재 X 토지 및 Y 건물의 소유자는 누구인가?

나. C가 A-B 간의 매매계약사실을 알고도 A에게 적극적으

로 매도를 권유하여 A의 배임행위를 유발하여 A와 매매계약을
한 것이라고 가정하자. B가 X 토지 및 Y 건물의 소유권을 취득
할 수 있는 방법을 기술하라.

1-가

I. 결론

X 토지의 소유자는 C이고, Y 건물의 소유자는 甲이다.

II. 논거

1. B의 소유권 취득 여부

B와의 매매계약 당시 X 토지는 A의 소유였고, 일반적으로 자기
의 노력과 재료를 들여 건물을 건축한 사람은 그 건물의 소유권을
원시취득하는 것이므로(대판 1997. 5. 30. 97다8601), Y 건물도 자신의
비용과 노력으로 건물을 신축한 A가 그 소유권을 원시취득하였다.

A는 그 소유의 X 토지와 Y 건물을 B에게 매도하였지만 X 토지
에 대하여는 이전등기를 넘겨주지 않았고, Y 건물은 미등기상태이므
로 이전등기가 경료될 수 없다. 법률행위에 의한 부동산의 물권변동
은 등기하여야 효력이 생기므로(제186조), B는 X 토지와 Y 건물의 소

유권을 취득하지 못한다. 이는 B가 대금을 완납하였다거나 점유를 이전받았다고 하더라도 마찬가지이다.

2. X 토지의 경우

A가 B에게 소유권이전등기를 경료하지 않고 여전히 소유자인 상태에서 C에게 매매한 후 이전등기를 경료함으로써, C가 적법하게 X 토지의 소유권을 승계취득한다. 따라서 현재 X 토지의 소유자는 C이다.

3. Y 건물의 경우

Y 건물은 보존등기를 마치지 않은 미등기건물로서, A가 B 및 C에게 매매한 후에도 여전히 A가 소유하고 있었다. 그 후 A가 사망함으로써 그 상속인인 甲이 등기 없이 소유권을 취득한다(제187조). 따라서 현재 Y 건물의 소유자는 甲이다.

1-나

I. A-C 간 매매계약 및 X 토지에 대하여 C명의로 경료된 등기의 효력

A가 B와 매매계약을 체결하고 대금을 모두 수령한 상태에서 C

의 적극적인 권유에 따라 2중으로 체결한 A-C 간의 매매계약은 선량한 풍속 기타 사회질서에 위반하는 행위로서 무효(제103조)이다(대판 1994. 3. 11. 93다55289, 대판 2013. 10. 11. 2013다52622*).

그리고 이와 같이 무효의 매매계약에 기하여 X 토지에 대하여 C에게 경료된 이전등기는 무효의 등기이다.

II. A-B 간 매매계약에 기한 B의 청구

B는 C보다 먼저 A와의 X 토지 및 Y 건물에 대한 매매계약을 체결하였으나 A로부터 위 계약에 따른 소유권을 이전받지 못하였다. 따라서 B로서는 여전히 위 매매계약의 이행을 청구할 수 있다. 한편, A가 사망한 현재로서는 A의 상속인 甲이 위 계약상 의무를 승계하므로, B가 위 소유권이전등기청구권을 행사할 수 있는 상대방은 甲이다(제1005조).

1) X 토지에 대해서는 앞서 본 바와 같이 C명의로 무효의 등기가 이미 경료되었다. 그런데 A-C 간의 매매가 민법 제103조 위반의 법률행위로서 그 급부인 등기가 불법원인급여에 해당하여 그 반환이 부정되므로(제746조) A로서는 물권적 청구권을 행사하여 등기말소를 구할 수 없고(대판 1979. 11. 13. 79다483 전합), 그 상속인 甲도 마찬가지이다. 그러나 제746조는 반사회적 행위를 한 A 또는 그 상속인 이외의 자에게도 반환청구를 금지하는 취지는 아니다. 그러므로 B로서는 甲에 대한 이전등기청구권의 보전을 위하여 일단 甲을 대위하여 C명의의 이전등기의 말소를 구한 후, 甲을 상대로 위 매매계

약에 기한 이전등기를 청구할 수 있다.

2) 미등기의 Y 건물에 대해서는 아직 C에게 소유권이 넘어가지 않았으므로 A의 상속인 甲을 상대로 위 매매계약에 기한 이전등기를 구한다.[1]

이상과 같은 청구권을 행사하여 이전등기를 받음으로써 B가 X 토지 및 Y 건물에 대한 소유권을 취득한다.

---

1) 甲으로서는 A명의의 보존등기와 甲 명의의 상속등기를 한 다음, B에게 이전등기를 하여야 한다.

[본문 중의 표준판례]

대법원 2013. 10. 11. 선고 2013다52622 판결 - 77.
: 부동산 이중매매에서 제2양수인의 행위가 공서양속에 반한다고 하기
위한 요건 및 판단기준

[관련 표준판례]

대법원 2012. 6. 28. 선고 2010다81049 판결 - 171.
: 소유자에게 배타적 사용·수익 권능이 존재하지 않는 경우가 허용되는
지 여부(원칙적 소극)

대법원 2016. 7. 29. 선고 2016다214483, 214490 판결 - 174.
: 미등기 무허가건물의 양수인이 소유권이전등기를 마치지 않은 상태에
서 소유권에 기한 방해제거청구를 할 수 있는지 여부(소극) 등

대법원 1977. 5. 24. 선고 75다1394 판결 - 176.
: 물권도 계약의 해제로 인하여 당연히 복귀되는지 여부(적극) - 물권행
위의 독자성과 무인성

대법원 2002. 4. 26. 선고 2000다16350 판결 - 189.
: 건축업자가 타인의 대지를 매수하여 그 대금을 지급하지 아니한 채 자
기의 노력과 재료를 들여 건물을 건축하면서 건축허가 명의를 대지소유

자로 한 경우의 법률관계

대법원 2019. 1. 24. 선고 2016다264556 전원합의체 판결 - 200.
: 독점적·배타적인 사용·수익권의 행사가 제한되는 토지의 소유권을 특
정승계한 자가 그 토지 부분에 대하여 독점적이고 배타적인 사용·수익
권을 행사할 수 있는지 여부(원칙적 소극) 등

대법원 1997. 7. 22. 선고 96다56153 판결 - 204.
: 인접 대지의 건물신축으로 인한 환경 등 생활이익 침해의 수인한도 인
정기준

대법원 2006. 6. 2. 선고 2005다70144 판결 - 205.
: 주위토지통행권의 행사에 의하여 그 통행에 방해되는 축조물의 철거를
청구할 수 있는지 여부(적극)

제2문

등기 – 보존등기[1],
중간생략등기, 부기등기[2]

1. 乙은 적법하게 소유권보존등기가 경료된 甲 소유의 X 토지를 2007. 5. 3. 매수하여 대금을 완불한 다음, 甲으로부터 X 토지의 점유를 이전받고 소유권이전등기에 필요한 일체의 서류를 교부받았으나 그 서류를 분실하였다. 이에 분필 등의 사유로 등기부정리가 제대로 되지 않은 상태인지라, 같은 X 토지에 대하여 乙 명의로 중복하여 소유권보존등기를 경료한 채 그 지상에 Y 건물을 축조하여 점유하고 있다.

　　丙은 甲이나 乙로부터 하등의 매매계약 등을 통하여 X 토지의 소유권을 취득한 바가 없음에도 불구하고 등기소요서류를 위조하여 甲의 소유권보존등기에 터잡아 2016. 3. 5. 매매를 원인으로 한 소유권이전등기를 경료한 다음, 2017. 4. 6. 자

---

1)　　2013년 제2회 변호사시험 2문.
2)　　2013년 제2회 변호사시험 제1문 설문2, 2015년 제4회 변호사시험 제1문의 5 설문3.

신이 X 토지의 소유자임을 주장하면서 乙을 상대로 Y 건물의 철거를 요구하고 있다.

乙은 丙이 소송을 제기하기 전에 등기부를 정리하고 자신의 권리를 보호받고자 한다. 乙의 적절한 대응방법을 설명하라(부동산등기법 제21조 제1항[3])을 참조하라. 다만, 등기관의 처분과 관련된 상세를 설명할 필요는 없다).

I. 중복 보존등기의 효력

부동산등기법은 1필의 토지 또는 1개의 건물에 대하여 1개의 등기기록을 두도록 규정한다(부동산등기법 제15조 제1항[4]). 이를 1부동산 1용지주의라고 한다.

그런데 乙 명의의 등기는 중복보존등기에 해당한다. 이와 같이 동일부동산에 관하여 등기명의인을 달리하여 중복된 소유권보존등기가 경료된 경우에는, 먼저 이루어진 소유권보존등기가 원인무효가 되지 아니하는 한, 뒤에 된 소유권보존등기는 비록 그 부동산의 매수인에 의하여 이루어진 경우에도 1부동산 1용지주의를 채택하고 있

---

3) 부동산등기법 제21조(중복등기기록의 정리) ① 등기관이 같은 토지에 관하여 중복하여 마쳐진 등기기록을 발견한 경우에는 대법원규칙으로 정하는 바에 따라 중복등기기록 중 어느 하나의 등기기록을 폐쇄하여야 한다.

4) 부동산등기법 제15조(물적 편성주의) ① 등기부를 편성할 때에는 1필의 토지 또는 1개의 건물에 대하여 1개의 등기기록을 둔다. 다만, 1동의 건물을 구분한 건물에 있어서는 1동의 건물에 속하는 전부에 대하여 1개의 등기기록을 사용한다.

는 부동산등기법 아래에서는 무효이다(대판 1990. 11. 27. 87다카2961, 87다453 전합*). 사안에서 선순위 보존등기가 원인무효라는 사유가 없으므로 乙 명의의 등기는 무효이고, 乙은 X 토지의 소유권을 취득하지 못한다.

II. 매매계약에 기한 이전등기청구

한편 丙의 등기는 원인무효의 등기이므로, 丙으로서는 X 토지의 소유자임을 전제로 철거청구를 구할 수 없다. 오히려 X 토지의 소유자 甲은 소유권에 기한 방해배제로서 丙을 상대로 위 등기의 말소를 청구할 수 있다.

乙로서는, 그 명의의 중복보존등기가 무효인 것과는 별론으로, 甲과 유효한 매매계약을 체결하였으나 위 계약에 따른 소유권을 이전받지 못하였다. 따라서 乙로서는 여전히 위 매매계약의 이행을 청구할 수 있다. 채권은 10년간 행사하지 아니하면 소멸시효가 완성한다(제162조). 그러나 乙은 대금을 완납한 후 적법하게 점유를 이전받아 계속 점유하고 있어, 甲에 대한 이전등기청구권의 소멸시효가 완성되지 않았다(대판 1999. 3. 18. 98다32175 전합*).

그렇다면 乙의 甲에 대한 이전등기청구권은 여전히 존재하고, 乙은 甲에 대한 이전등기청구권을 보전하기 위하여 甲의 권리를 대위행사하여 丙 명의의 등기를 말소할 수 있다(제404조). 이후 乙은 甲에 대하여 이전등기를 청구할 수 있다.

III. 결론

이와 같이 하여 乙이 甲의 보존등기에 터잡아 이전등기를 경료받게 되면, 乙은 X 토지에 대한 소유권을 취득하고, 위 건물의 대지인 X 토지를 점유할 정당한 권원이 있으므로 丙의 청구에 응할 필요가 없게 된다.

2.　A는 X 부동산의 소유자인 B와 X 부동산에 관한 매매계약을 체결하고 B로부터 소유권이전등기를 경료받은 후 X 부동산을 乙에게 매도하고 인도하였으며, 乙은 X 부동산을 다시 丙에게 매도하고 인도하였다.

A, 乙, 丙 전원은 X 부동산의 소유권이전등기를 A의 명의에서 바로 丙의 명의로 이전하기로 합의하였다. 그 후 A와 乙은 둘 사이의 매매대금을 인상하기로 약정하였다.

丙은 乙의 A에 대한 소유권이전등기청구권을 대위행사하는 소송을 A를 상대로 제기하였다. 이에 대하여 A는 乙의 A에 대한 소유권이전등기청구권이 A, 乙, 丙 3인의 중간생략등기합의에 의하여 소멸하였고, 그렇지 않더라도 乙이 A에게 인상된 매매대금을 아직 지급하지 않았으므로 丙의 청구에 응할 수 없다고 항변한다. 위 항변의 당부를 판단하라.

I. 결론

A는 乙의 A에 대한 소유권이전등기청구권이 소멸하였다는 이유로 위 청구권을 대위하여 구하는 丙의 청구를 거절할 수는 없으나, 중간 매수인 乙이 인상된 매매대금을 지급하지 않았음을 이유로 丙의 청구를 거절할 수 있다.

II. 논거

1. 중간생략등기 및 중간생략등기합의의 효력

A는 X 부동산을 乙에게, 乙은 丙에게 순차 매도하였으므로, 원칙적으로 A는 乙에게, 다시 乙은 丙에게 이전등기를 하여야 한다(제568조). 그런데 사안에서는 3자 간의 합의로 중간취득자 乙로의 소유권이전등기를 생략하고 A로부터 丙으로 직접 소유권이전등기를 경료하기로 약정하였다. 이러한 3자 간의 합의가 있는 경우 丙은 A에게 직접 소유권이전등기를 청구할 수 있다(대판 2005. 9. 29. 2003다40651).[5][6]

---

5)   3자 간의 합의가 없는 경우에는, 중간자의 동의(매수인란이 공란으로 된 백지매도증서와 위임장, 인감증명서를 교부한 경우 - 대판 1991. 4. 23. 91다5761)가 있더라도 최종매수인이 매도인을 상대로 직접 소유권이전등기를 청구할 수는 없고, 중간매수인을 대위하여 매도인에게 소유권이전등기를 청구할 수 있다.

6)   참고로, 중간생략등기에 관한 전원의 합의 없이 A로부터 丙에게 직접 소유권이전등기가 경료된 경우에도 당사자 사이에 적법한 등기원인이 있는 이상, 丙 명의의 소유권이

2. 중간생략등기의 합의로 乙의 A에 대한 소유권이전등기 청구권이 소멸하는지 여부

중간생략등기의 합의가 있다고 하여도 중간 매수인은 여전히 매도인에 대한 소유권이전등기청구권을 보유하는 것이므로(대판 1991. 12. 13. 91다18316) 乙은 여전히 A에 대한 소유권이전등기청구권을, 그리고 丙은 여전히 乙에 대한 소유권이전등기청구권을 가진다. 또한 丙은 乙에 대한 이전등기청구권을 보전하기 위하여 乙의 권리를 대위행사할 수 있다(제404조).

따라서 A는 乙의 A에 대한 소유권이전등기청구권이 소멸하였다는 이유로 위 청구권을 대위하여 구하는 丙의 청구를 거절할 수 없다.

3. 인상된 매매대금을 乙이 지급하지 않았다는 이유로 A가 丙의 청구를 거절할 수 있는지

중간생략등기의 합의가 있다고 하여도 최초 매도인이 중간 매수인에 대하여 가지는 매매대금청구권의 행사가 제한되는 것은 아니다. 따라서 X 부동산에 대하여 자신의 명의로 등기가 되어 있는 A로서는 매수인 乙 명의로 소유권이전등기를 경료해 줄 의무의 이행과

전등기는 실체관계에 부합하는 등기로서 유효하다(대판 1980. 2. 12. 79다2104).

동시에 乙에 대하여 위와 같이 인상된 매매대금의 지급을 구하는 내용의 동시이행의 항변권을 보유하고 있다고 보아야 할 것이다(대판 2005. 4. 29. 2003다66431[7]).

그리고 채권자대위소송에서 제3채무자는 채무자에 대하여 가지는 모든 항변사유로 채권자에게 대항할 수 있으므로, A는 중간 매수인 乙이 인상된 매매대금을 지급하지 않았음을 이유로 乙에 대하여 가지는 동시이행의 항변권으로 丙의 청구를 거절할 수 있다.[8]

3. 甲은 2019. 11.경 乙로부터 1억 5,000만 원을 차용하면서 그 담보로 그 소유의 X 부동산에 관하여 乙 명의로 저당권을 설정하고 그 등기를 마쳤다. 乙은 2019. 12.경 丙에게 위 대여금 채권을 양도하고 이를 甲에게 통지하는 한편, 위 저당권을 양도하고 같은 날 丙에게 위 저당권 이전의 부기등기를 마쳐 주었다.

---

7) 최종 매수인이 중간생략등기 합의를 이유로 최초매도인에 대하여 이전등기를 청구한 사안에서, 중간 매수인이 최종 매수인과의 매매계약상의 매매대금을 모두 지급받은 후 중간 매수인과 최초 매도인 사이에 매매대금 인상 약정이 체결되었다 하더라도, 최초 매도인이 위 매매대금 인상의 합의를 가지고 최종 매수인에게 대항할 수 있다고 판단한 사례

8) 위와 같은 판례의 입장은 중간생략등기의 합의란 부동산이 전전 매도된 경우 각 매매계약이 유효하게 성립함을 전제로 그 이행의 편의상 최초의 매도인으로부터 최종의 매수인 앞으로 소유권이전등기를 경료하기로 한다는 당사자 사이의 합의에 불과할 뿐이라는 이유에 기한 것이다. 부동산물권변동의 과정을 제대로 공시되지 못하는 중간생략등기의 효용을 가능한 한 억제하려는 의도에 기한 것으로 보인다.

> 甲은 위 저당권의 피담보채무를 전액 변제한 후 위 저당권과 관련된 등기를 말소하고자 하였으나 乙과 丙은 서로 미루면서 위 등기를 말소하지 않고 있다. 甲은 누구를 상대로 어떤 등기의 말소를 구하여야 하는가?

I. 결론

甲은 丙을 상대로 저당권설정등기의 말소를 구하여야 한다.

II. 논거

1. 논점의 소재

저당권으로 담보한 채권이 시효의 완성 기타 사유로 인하여 소멸한 때에는 저당권도 소멸한다(제369조). 부동산의 표시(表示)와 저당권의 보존, 이전, 설정, 변경, 처분의 제한 또는 소멸에 대하여는 등기한다(부동산등기법 제3조 제5호). 따라서 甲이 피담보채무를 전액 변제하여 저당권으로 담보한 차용금 채권이 소멸하였다면 저당권의 등기는 말소되어야 한다.

그런데 乙과 丙이 서로 미루면서 위 등기의 말소를 거부한다면 甲 단독으로는 등기를 할 수 없다(부동산등기법 제23조 제1항). 따라서 등기절차의 이행을 명하는 판결에 의해 단독으로 신청하는 방법을 검토한다(부동산등기법 제23조 제4항).

2. 소를 제기할 당사자: 丙

저당권은 그 담보한 채권과 분리하여 타인에게 양도하거나 다른 채권의 담보로 하지 못한다(제361조). 따라서 저당권부 채권의 양도는 저당권의 양도와 채권양도가 결합되어 행해져야 하고, 부동산 물권변동에 관한 제186조의 규정과 채권양도에 관한 제449조 이하의 규정에 의하여 규율된다. 저당권자였던 乙은 丙에게 저당권의 피담보채권인 대여금 채권을 양도하면서 甲에게 통지하였고 저당권도 함께 양도하고 부기등기까지 마쳤으므로, 위 채권양도로 채무자인 甲에게 대항할 수 있고 저당권은 적법하게 丙에게 이전되었다.

그런데 근저당권의 양도에 의한 부기등기는 기존의 근저당권설정등기에 의한 권리의 승계를 등기부상 명시하는 것뿐으로 그 등기에 의하여 새로운 권리가 생기는 것이 아닌 만큼, 甲으로서는 위 저당권의 피담보채무를 변제하고 근저당권설정등기의 말소를 청구함에 있어서, 양수인 丙을 상대로 설정등기의 말소만을 구하면 족하고, 양도인 乙을 상대로 한 말소청구 또는 양수인을 상대로 한 부기등기의 말소청구는 피고적격이 없거나 소의 이익이 없어서 부적법하다(대판 1995. 5. 26. 95다7550, 대판 2003. 4. 11. 2003다5016).[9]

---

9) 다만, 근저당권이전의 부기등기가 기존의 주등기인 근저당권설정등기에 종속되어 주등기와 일체를 이룬 경우에는 부기등기만의 말소를 따로 인정할 아무런 실익이 없

3. 말소청구를 구할 등기: 주등기

저당권의 양도로 인한 근저당권이전의 부기등기[10]는 기존의 주등기인 근저당권설정등기에 종속되어 주등기와 일체를 이루는 것이고 주등기와 별개의 새로운 등기는 아니다. 따라서 그 피담보채무가 변제로 인하여 소멸된 경우 위 주등기의 말소만을 구하면 되고 그에 기한 부기등기는 별도로 말소를 구하지 않더라도 주등기가 말소되는 경우에는 직권으로 말소되어야 할 성질의 것이다(대판 2000. 10. 10. 2000다19526).

지만, 근저당권의 이전원인만이 무효로 되거나 취소 또는 해제된 경우, 즉 근저당권의 주등기 자체는 유효한 것을 전제로 이와는 별도로 근저당권이전의 부기등기에 한하여 무효사유가 있다는 이유로 부기등기만의 효력을 다투는 경우에는 그 부기등기의 말소를 소구할 필요가 있으므로 예외적으로 소의 이익이 있다(대판 2005.6.10. 2002다15412).

10) 소유권 외의 권리의 이전등기를 할 때에는 을구(乙區)의 부기등에 의한다.

토지등기기록

[토지] ○○○○시 ○○구 ○○동 ○○   고유번호 0000-0000-000000

[표제부]		(토지의 표시)			
표시번호	접수	소재지번	지목	면적	등기원인 및 기타사항

[갑구]		(소유권에 관한 사항)		
순위번호	등기목적	접수	등기원인	권리자 및 기타사항

[을구]		(소유권 외의 권리에 관한 사항)		
순위번호	등기목적	접수	등기원인	권리자 및 기타사항

[본문 중의 표준판례]

대법원 1999. 3. 18. 선고 98다32175 전원합의체 판결 - 179.
: 부동산 매수인이 부동산을 인도받아 스스로 계속 점유하는 경우, 소유
권이전등기청구권의 소멸시효 진행 여부(소극)

대법원 1983. 11. 22. 선고 83다카894 판결 - 180.
: 등기의 권리추정력

대법원 1990. 11. 27. 선고 87다카2961, 87다453 전원합의체판결 -
183.: 매수인이 소유권이전등기 대신에 소유권보존등기를 경료함으로써
동일 부동산에 관하여 등기명의인을 달리하여 중복된 소유권보존등기가
이루어졌으나 선등기가 원인무효가 되지 아니하는 경우의 후등기의 효
력유무(소극) 및 이 경우 매수인이 매도인의 상속인에 대하여 소유권이전
등기를 청구할 이익 유무(적극)

[관련 표준판례]

대법원 2001. 1. 16. 선고 98다20110 판결 - 177.
: 등기의 기능 - 등기부취득시효가 완성된 후 점유자 명의의 등기가 말소
되거나 적법한 원인 없이 다른 사람 앞으로 소유권이전등기가 경료된 경
우, 점유자는 취득한 소유권을 상실하는지 여부(소극)

대법원 1992. 10. 27. 선고 92다30047 판결 - 181.
: 등기의 추정력과 입증책임 - 절차적 적법성 및 등기원인의 적법성 추정

대법원 1998. 11. 19. 선고 98다24105 전원합의체 판결 - 182.
: 가등기에 의하여 순위 보전의 대상이 되어 있는 물권변동청구권이 양도된 경우, 그 가등기상의 권리의 이전등기를 가등기에 대한 부기등기의 형식으로 경료할 수 있는지 여부(적극)

대법원 2011. 7. 14. 선고 2010다107064 판결 - 184.
: 무효인 후행 보존등기에 기하여 소유권이전등기를 마친 사람의 점유취득시효가 완성된 경우, 선행 보존등기에 기한 소유권을 주장하여 후행 보존등기에 터잡아 이루어진 등기의 말소를 구하는 것이 실체적 권리 없는 말소청구에 해당하는지 여부(소극)

대법원 1995. 8. 22. 선고 95다15575 판결 - 185.
: 부동산이 전전 양도된 경우, 최종 양수인이 중간자로부터 소유권이전등기 청구권을 양도받아 직접 최초 양도인에 대하여 소유권이전등기 절차 이행을 청구할 수 있는지 여부(소극) 등

대법원 2001. 9. 20. 선고 99다37894 전원합의체 판결 - 186.
: 전소인 소유권이전등기말소청구소송의 확정판결의 기판력이 후소인 진정명의회복을 원인으로 한 소유권이전등기청구소송에 미치는지 여부

(적극)

대법원 1989. 10. 27. 선고 87다카425 판결 – 187.
: 무효등기의 유용이 허용되는 경우 원인소멸된 가등기에 관하여 등기유
용의 합의가 이루어져서 소유권이전의 본등기가 경료된 경우 그 등기유
용 전에 소유권이전등기를 한 이해관계인과의 권리관계

제3문

물권적 청구권[1]

1. A는 X 토지 및 그 지상 Y 건물의 소유자인데, 위 토지 및 건물에 원인무효의 소유권이전등기를 경료한 B로부터 C가 위 토지 및 건물을 임차하였다. A는 X 토지 및 Y 건물의 소유권을 온전히 행사하기 위하여 누구를 상대로 어떤 청구를 할 수 있는가?

I. 쟁점

토지 및 건물의 소유권을 온전히 행사하기 위해서는 원인무효 등기를 말소하고 토지 및 건물의 인도를 구하여야 한다. 아래에서는

---

1) 연수원 민사재판실무 수습기록 20-8, 2016년 제1차 법전협 모의시험 제2문의 1, 2016년 제3차 법전협 모의시험 제2문의 1.

그 청구권원 및 청구의 상대방 특정에 대해서 본다.

II. 등기말소청구의 상대방

B는 원인 무효의 등기를 경료함으로서 A의 X 토지 및 Y 건물에 대한 소유권 행사를 방해하고 있다. 그렇다면 A는 소유권에 기한 방해배제청구권(제214조)을 행사하여 등기명의인 B를 상대로 위 등기의 말소를 청구할 수 있다.

III. 인도청구의 상대방

A와 B, A와 C 간에 어떠한 계약관계도 없으므로 A는 계약상의 반환청구권을 행사할 수는 없고, 물권적 청구권에 기하여 토지 및 건물의 점유자를 상대로 인도청구를 하여야 한다. 현재 토지 및 건물을 직접 점유하고 있는 자는 C이므로, A는 소유권에 기한 반환청구권(제213조)의 행사로서 C를 상대로 X 토지 및 Y 건물의 인도청구를 할 수 있다.

IV. 결론

A는 B를 상대로 X 토지 및 Y 건물에 대한 소유권이전등기의 말소를 청구할 수 있다. A의 X 토지 및 Y 건물에 대한 인도청구는, 원칙적으로 직접 점유자인 C를 상대로 할 수 있다.

2. 원래 甲 소유였던 X 토지에 대하여 乙이 등기소요서류를 위조하여 2019. 3. 27. 그 명의로 원인무효의 소유권이전등기를 경료하였다. 한편 2019. 5. 甲의 조카인 丙은 X 토지에 甲의 허락을 받지 않고 무단으로 Y 건물을 신축하였다. 戊는 2019. 12. 5. 丙으로부터 Y 건물을 임차하여 주택임대차보호법상의 대항력을 갖추어 현재까지 점유하고 있고, Y 건물이 신축된 이래 X 토지 전부가 Y 건물의 부지로 이용되고 있다.

甲은 X 토지를 아무런 제한이 없는 상태로 회복하고, 丙 등으로부터 X 토지의 점유로 인한 부당이득도 반환받고자 한다. 누구를 상대로 어떤 청구를 하는 것이 가장 유효적절한 수단인지를 논하라(X 토지에 대한 나대지상태의 임료는 2019. 5. 이래 월 2백만 원이다).

I. 결론

乙을 상대로는 소유권이전등기의 말소를 청구한다.

丙을 상대로는 Y 건물의 철거와 X 토지의 인도 및 2019. 5. 이후 월 200만 원의 비율에 의한 부당이득반환을 청구한다.

戊를 상대로는 Y 건물로부터의 퇴거를 청구한다.

II. 乙에 대한 청구

X 토지에 경료된 乙 명의의 등기는 원인무효로서 여전히 위 토지에 대하여는 甲이 소유권을 가지고 있다. 따라서 甲은 소유권에 기한 방해배제청구(제214조)로서 乙 명의로 경료된 소유권이전등기의 말소를 청구할 수 있다.

III. 丙에 대한 청구

1. 토지인도청구

甲은 X 토지의 소유자이므로 소유권에 기한 반환청구권(제213조)을 행사할 수 있다. 이때 물권적 청구의 상대방은 물권의 실현에 대한 방해원인을 현재 자기의 사회적 지배범위 안에 둔 자이다. 따라서 甲은 아무런 권원 없이 X 토지를 점유하고 있는 丙에게 X 토지의 인도를 청구할 수 있다(뒤에서 보듯이 丙은 X 토지 위의 Y 건물에 대한 법률상 또는 사실상 처분권한을 보유하므로 丙에게는 당연히 X 토지에 대한 점유가 인정된다).

2. 건물철거청구

인도청구의 목적물이 토지이고 그 지상에 건물이 건립되어 있는 경우, 토지소유자가 토지점유자에게 토지인도청구만을 구하여 승소

하더라도 토지의 인도를 명한 집행권원의 효력은 그 지상에 건립된 건물 등에는 미치지 아니하므로(대결 1986. 11. 18. 86마902) 토지를 온전히 인도받으려면 그 지상에 건립된 건물 등에 대한 철거까지도 추가로 구하여야 한다.

甲은 X 토지의 소유자이므로 소유권에 기한 방해배제청구권(제214조)을 행사하여 아무런 권원 없이 X 토지 위에 건축되어 甲의 소유권행사를 방해하고 있는 Y 건물의 철거를 청구할 수 있다.

그런데 Y 건물은 미등기인바, 건물은 원칙적으로 자기 비용과 노력으로 건물을 신축한 자가 그 건물의 소유권을 원시취득한다(대판 1997. 5. 30. 97다8601). 따라서 甲은 Y 건물의 소유자인 丙을 상대로 Y 건물의 철거를 청구하여야 할 것이다.

3. 부당이득반환청구

丙은 Y 건물의 소유자로서, 현실로 건물이나 대지를 점거하고 있지 않더라도 건물의 소유를 위하여 그 대지를 점유하는 것으로 보아야 하고(대판 1991. 6. 25. 91다10329), 건물의 소유명의자가 아닌 건물 점유자 戊를 건물부지인 X 토지의 점유자로 볼 수 없다(대판 2003. 11. 13. 2002다57935 등).

따라서 Y 건물이나 그 대지에 대한 丙의 현실적인 점유 여부와는 상관없이 乙은 丙을 상대로 Y 건물을 신축한 2019. 5. 이후 X 토지의 점유로 인한 월 2백만 원의 비율에 의한 부당이득의 반환을 구할 수 있다.

IV. 戊에 대한 청구

한편 Y 건물은 戊가 임차인으로서 현실점유하고 있는바, 건물 철거의 대체집행시 건물퇴거도 건물소유자의 수인의무에 포함되나, 건물소유자 아닌 제3자는 수인의무를 부담하지 않으므로 戊를 상대로는 별도로 퇴거의 집행권원이 필요하다(대판 2010. 8. 19. 2010다 43801 *).

Y 건물의 소유자인 丙에게는 X 토지를 점유할 권한이 없으므로 丙으로부터 Y 건물의 임차권을 취득한 戊 역시 甲에게 자신의 임차권으로 X 토지에 대한 점유권을 주장할 수 없으며, 이러한 결론은 戊의 임차권이 대항력 있는 임차권이라고 하더라도 마찬가지이다(위 2010다43801 판결 * 참조).

따라서 甲은 戊를 상대로 Y 건물에서의 퇴거를 청구하여야 한다.

앞서 본 바와 같이 건물소유자인 丙에게만 X 토지에 대한 점유가 인정되므로 Y 건물의 단순한 점유자인 戊가 X 토지의 부지점유자로서 부당이득반환의무를 진다고 볼 수 없다(대판 2012. 5. 10. 2012다 4633 *).

3. A는 B 소유의 X 토지에 축조된 Y 건물에 거주하고 있다. Y 건물은 C가 그의 비용과 노력을 들여 건축한 것인데, A는 C로부터 Y 건물을 대금 1천만 원에 매수한 다음 점유를 이전받았으나, 무허가건물인 관계로 건축물관리대장이나 등기부가 마련

되지 않아 등기를 이전받지는 못하였다. B는 Y 건물에 대한 철거청구에 앞서, A가 일하러 잠시 집을 비운 틈을 타서 Y 건물의 출입문에 각목을 설치하여 A의 출입을 막는 조치를 취하였다.

　가. B는 어떤 법률상 원인에 기하여 적법하게 A를 상대로 Y 건물의 철거를 구할 수 있는가? 이유를 들어 설명하라.

　나. A는 B의 조치에 대하여 Y 건물의 소유권에 기하여 B를 상대로 각목을 수거해갈 것을 청구하였다. 위 청구는 정당한가? 이유를 들어 설명하라.

3-가

　B는 X 토지의 소유자이고, Y 건물로 인하여 그 소유권을 방해받고 있으므로 소유권에 기한 방해제거청구권(제214조)을 행사할 수 있다. A는 Y 건물의 소유자는 아니지만 법률상·사실상 처분권한을 가졌으므로 철거의무자이다(대판 1991. 6. 11. 91다11278, 대판 2003. 1. 24. 2002다61521*). 따라서 B는 A를 상대로 소유권에 기한 방해제거청구권에 기하여 Y 건물의 철거를 구할 수 있다.

3-나

　Y 건물의 소유자는 자신의 비용과 노력으로 건물을 신축한 원시취득자 C이고, A는 그로부터 점유권을 취득한 자에 불과하다. 따라서 A가 점유권에 기한 방해제거청구권(제205조)을 행사할 수 있는 것은 별론으로 하고, 소유권에 기한 방해제거청구권(제214조)을 행사할 수는 없다. A의 청구는 정당하지 않다.

[본문 중의 표준판례]

대법원 2003. 1. 24. 선고 2002다61521 판결 - 188.
: 건물에 대한 철거처분권자 - 소유자, 건물에 대한 법률상 또는 사실상 처분권을 가지고 있는 자

대법원 2010. 8. 19. 선고 2010다43801 판결 - 294.
: 건물이 그 존립을 위한 토지사용권을 갖추지 못하여 토지소유자가 건물소유자에 대하여 당해 건물의 철거 및 그 대지의 인도를 청구할 수 있는 상황에서 건물소유자가 아닌 사람이 건물을 점유하고 있는 경우, 토지소유자가 건물점유자에 대하여 퇴거청구를 할 수 있는지 여부(적극) 및 그 건물점유자가 대항력 있는 임차인인 경우 위 퇴거청구에 대항할 수 있는지 여부(소극) 등

대법원 2012. 5. 10. 선고 2012다4633 판결 - 609.
: 건물소유자가 부지 부분에 관한 소유권을 상실한 경우, 건물임대차계약 종료 이후 계속 건물을 점유·사용하는 건물임차인의 토지소유자 또는 건물소유자에 대한 부당이득반환의무 유무와 그 범위 등

[관련 표준판례]

대법원 1980. 9. 9. 선고 80다7 판결 - 172.
: 소유권을 상실한 경우에 소유권에 기한 물권적 청구권의 행사(소극)

대법원 1982. 7. 27. 선고 80다2968 판결 - 173.

: 합의해제에 따른 매도인의 원상회복 청구권이 소멸시효의 대상이 되는
지 여부(소극)

대법원 2016. 7. 29. 선고 2016다214483, 214490 - 174.

: 미등기 무허가건물의 양수인이 소유권이전등기를 마치지 않은 상태에
서 소유권에 기한 방해제거청구를 할 수 있는지 여부(소극) 등

대법원 1999. 7. 9. 선고 98다9045 판결 - 175.

: 목적물을 현실적으로 점유하고 있지 않은 자를 상대로 불법점유를 이
유로 명도 또는 인도 청구를 할 수 있는지 여부(소극)

대법원 1995. 9. 15. 선고 95다23378 판결 - 233.

: 환경침해와 소유권에 기한 방해배제청구권

제4문

동산물권변동, 선의취득[1], 부합

1. 장난감제조업을 경영하는 A는 2015. 4. 12. 그 소유의 장난감제조용 기계 1대를 대금 1억 원에 B에게 양도하였다. 다만 위 기계를 이용하여 장난감제조를 계속하기 위하여 점유의 이전은 점유개정의 방법에 의하였다.

그런데 A는 공장경영자금이 부족하자 2016. 5. 12. 위 기계의 양도사실을 알지 못하는 C에게 대금 9천만 원에 위 기계를 양도하되, 인도는 다시 점유개정의 방법에 의하였다.

그 후 A는 사업을 그만두기로 마음먹고, 2017. 6. 12. D에게 위 기계를 매도한 후 현실인도하였다. D는 A가 위 기계의 소유자라고 과실 없이 믿었다.

그 후 뒤늦게 위 사실을 알게 된 B, C는 서로 자신이 위 기

계의 소유자라고 주장하면서 D에게 위 기계의 인도를 요구하였으나, D는 자신이 정당하게 취득하였다는 이유로 위 각 청구에 불응한다. 누구의 주장이 옳은지를 이유를 들어 설명하라.

I. B의 소유권취득

B는 2015. 4. 12. 정당한 소유자였던 A로부터 점유개정의 방법으로 기계(동산)를 양도받았으므로 소유권을 취득한다(제188조 1항, 제189조).

다만, C, D가 기계의 소유권을 선의취득하는 경우에는, 일물일권주의에 따라 B가 소유권을 상실할 수 있으므로 아래에서는 C, D의 선의취득 가능성에 대하여 본다.

II. 점유개정에 의하여 인도받은 C의 경우

C는 A로부터 기계를 거래행위로 점유를 이전받았지만, 이미 A는 B에게 위 기계를 양도하여 위 거래행위 당시에 소유권이 없으므로 원칙적으로 C는 위 기계의 소유권을 취득하지 못한다.

다만, C가 선의취득 요건(제249조)을 충족한다면 소유권을 취득할 수 있다. 그런데 선의취득은 점유개정의 방법으로 인도받은 경우에는 성립하지 않는다(대판 1978. 1. 17. 77다1872, 대판 2004. 10. 28. 2003다30463).[2)]

따라서 선의취득의 나머지 조건에 대해서는 살펴볼 필요 없이 C
는 소유권을 취득하지 못한다.

III. D의 선의취득 여부

A는 기계를 B에게 적법하게 양도하였고, D는 무권리자 A로부터
위 기계를 양수하였다. 그러나 무권리자로부터의 양수라고 하더라
도 D가 선의취득의 요건을 충족하면 위 기계의 소유권을 취득할 수
있다. 사안에서 D는 거래행위에 의하여 선의, 무과실로 위 기계를 양
수하였고, 2017. 6. 12. 위 기계를 현실인도받아 점유를 취득하였다.
나머지 요건인 점유의 평온, 공연은 추정되고(제197조 1항), 이를 뒤
집을 특별한 사정은 없다.

따라서 D는 2017. 6. 12. 위 기계의 소유권을 선의취득한다.

IV. 결론

B, C, D 중 C는 소유권을 취득한 바 없고, B는 2013. 4. 12. 위
기계의 소유권을 적법하게 취득하였으나, 2017. 6. 12. D의 선의취
득에 의하여 소유권을 상실하였다.

현재 D가 위 기계의 소유권자이므로, B, C의 청구에 불응하는 D

---

2)   점유개정으로는 위 기계가 전 점유자의 지배 상태로부터 벗어났다고 볼 수 없기 때문
     이다. 선의취득하게 될 자와의 이익형량을 고려한 결과이다.

의 주장이 정당하다.

2. A는 그 소유의 건축자재인 철강제품 X를 B에게 판매하면
서 소유권은 대금의 완납이 있을 때까지 위 A에게 유보하기로
약정하고 B에게 X를 인도하였다. B는 C와 사이에, C 소유의 토
지상에 Y 건물을 신축하기로 약정하고, 위 도급계약의 이행으
로 C 명의로 건축허가를 받아 Y 건물을 건축하면서, 아직 대금
을 완납하지 않은 상태에서 X를 사용하였다. C는 B와의 도급계
약에 의하여 제공된 자재의 소유권이 A에게 유보된 사실을 과
실 없이 알지 못했다.

그런데 B가 위 공사를 완공한 직후 자금사정의 악화로 은
행거래가 중단되고 A에게 X에 대한 대금을 지급하지 못하였다.
완공 후 C 명의로 Y 건물에 대하여 보존등기가 경료되자, A는
C를 상대로 민법 제261조를 근거로 미수령 자재대금에 해당하
는 금액의 보상을 청구하였다.

A 청구의 인용 여부를 판단하라.

I. A-B 간 철강제품에 대한 소유권유보부 매매의 효력

매도인이 대금을 모두 지급받기 전에 목적물을 매수인에게 인도
하면서 대금이 모두 지급될 때까지는 목적물의 소유권은 매도인에

게 유보되며 대금이 모두 지급된 때에 그 소유권이 매수인에게 이전
된다는 내용의 약정을 하였다면, 위 약정은 유효하다. 위 약정을 소
유권유보의 특약이라고 한다.

소유권유보의 특약이 있는 매매에서 매매목적물의 소유권은 매
매대금의 완납이라는 정지조건이 성취되어야만 소유권이 매수인에
게 이전되고(제147조 제1항), 특별한 사정이 없는 한 매도인은 대금이
모두 지급될 때까지 매수인뿐만 아니라 제3자에 대하여도 유보된
목적물의 소유권을 주장할 수 있다(대판 1999. 9. 7. 99다30534).

사안에서 B가 매매대금을 완납하지 않은 이상, B가 철강제품 X
를 현실로 인도받았다고 하더라도 그 소유권은 A에게 있다.

II. 건축자재 X의 Y 건물에의 부합

1. Y 건물의 소유권자: C

일반적으로 자기의 노력과 재료를 들여 건물을 건축한 사람은
그 건물의 소유권을 원시취득하는 것이고, 다만 도급계약에 있어서
는 수급인이 자기의 노력과 재료를 들여 건물을 완성하더라도 도급
인과 수급인 사이에 도급인 명의로 건축허가를 받아 소유권보존등
기를 하기로 하는 등 완성된 건물의 소유권을 도급인에게 귀속시키
기로 합의한 것으로 보여질 경우에는 그 건물의 소유권은 도급인에
게 원시적으로 귀속된다(대판 1992. 3. 27. 91다34790).

Y 건물에 대하여는 C 명의로 건축허가를 받았고 완공 후 C 명의

로 소유권보존등기를 하였다. 그렇다면 B-C 간에 위 건물의 소유권을 C에게 귀속시키기로 합의한 것으로 볼 수 있으므로, 위 건물의 소유권은 C에게 원시적으로 귀속된다.

2. 철강제품 X의 Y 건물에의 부합

부동산의 소유자는 그 부동산에 부합한 물건의 소유권을 취득한다(제256조). 그런데 어떠한 동산이 부동산에 부합된 것으로 인정되기 위해서는 그 동산을 훼손하거나 과다한 비용을 지출하지 않고서는 분리할 수 없을 정도로 부착·합체되었는지 여부 및 그 물리적 구조, 용도와 기능면에서 기존 부동산과는 독립한 경제적 효용을 가지고 거래상 별개의 소유권의 객체가 될 수 있는지 여부 등을 종합하여 판단하여야 하고(대판 2007. 7. 27. 2006다39270), 이러한 부동산에의 부합에 관한 법리는 건물의 증축의 경우(대판 2002. 10. 25. 2000다63110)는 물론, 건물의 신축의 경우에도 그대로 적용될 수 있다(대판 2009. 9. 24. 2009다15602*).

사안에서 B가 철강제품 X를 건축 자재로 사용한 결과, 위 철강제품은 완공된 Y 건물의 주요 구조체인 뼈대를 이루어, 위 건물을 심하게 훼손하지 않고는 분리해 낼 수 없게 되었다. 그렇다면 A 소유의 철강제품 X는 C 소유의 Y 건물에 대한 구성부분으로 부합되었고, 그 결과 C는 X의 소유권을 취득한다.

Ⅲ. 부합에 의한 부당이득반환 청구의 가부

위와 같이 A 소유이던 철강제품의 소유권이 부합으로 인하여 Y 건물의 소유자인 C에게 귀속되어 C는 철강제품 X의 소유권을 취득하는 이득을 얻었고, A는 철강제품의 소유권을 상실하는 손해를 입게 되었다. 이 경우에 A가 민법 제261조에 근거하여 C에게 부당이득반환을 청구할 수 있는지가 문제된다.

민법 제261조는 부동산에의 부합으로 손해를 받은 자는 부당이득에 관한 규정에 의하여 보상을 청구할 수 있다고 규정하고 있다. 위 규정은 제261조 자체의 요건뿐만 아니라, 부당이득 법리에 따른 판단에 의하여 부당이득의 요건이 모두 충족되었다고 인정되어야 이러한 보상청구를 할 수 있다는 것으로 해석된다(위 2009다15602 판결).

앞서 본 바와 같이 부합으로 C의 이득과 A의 손실이 발생하였고 위 이득과 손실 사이의 인과관계도 인정되므로, C에게 그 이익을 보유할 법률상 원인이 없다면, A는 C를 상대로 부당이득반환청구를 할 수 있을 것이다. 그런데 매도인에게 소유권이 유보된 자재가 제3자와 매수인 사이에 이루어진 도급계약의 이행으로 제3자 소유 건물의 건축에 사용되어 부합된 경우 보상청구를 거부할 법률상 원인이 있다고 할 수 없지만,[3] 사안에서 C가 도급계약에 의하여 제공된 자

---

3)   이와는 달리, 계약 당사자 사이에 계약관계가 연결되어 있어서 각각의 급부로 순차로 소유권이 이전되었다면, 계약관계에 기한 급부가 법률상의 원인이 되므로, 최초의 급부자는 최후의 급부수령자에게 법률상 원인 없이 급부를 수령하였다는 이유로 부당이득반환청구를 할 수 없다(대판 2003. 12. 26. 2001다46730).

재의 소유권이 A에게 유보된 사실에 관하여 과실 없이 알지 못하였
는바, 이 경우에는 선의취득의 경우와 마찬가지로 C가 그 자재의 귀
속으로 인한 이익을 보유할 수 있는 법률상 원인이 있다고 봄이 상
당하다(위 2009다15602 판결*).

결과적으로 A로서는 부당이득청구의 요건인 '법률상 원인 없이'
의 요건을 충족하지 못하므로, C를 상대로 그에 관한 보상청구를 할
수 없다

IV. 결론

A의 청구는 받아들여질 수 없다.

[본문 중의 표준판례]

대법원 2009. 9. 24. 선고 2009다15602 판결 - 228.
: 매도인에게 소유권이 유보된 자재를 매수인이 제3자와 체결한 도급계약에 의하여 제3자 소유의 건물 건축에 사용하여 부합된 경우, 매도인이 제3자에게 보상청구를 할 수 있는지 여부

[관련 표준판례]

대법원 1989. 10. 24. 선고 88다카26802 판결 - 190.
: 점유개정의 방법으로 동산이 이중양도된 경우 양수인 중 1인의 처분금지가처분집행 후 다른 양수인이 현실의 인도를 받았을 때 그 동산의 소유권 귀속

대법원 2000. 9. 8. 선고 99다58471 판결 - 195.
: 주권의 점유를 취득하는 방법 및 반환청구권의 양도에 의하여 주권의 선의취득에 필요한 요건으로서의 주권의 점유취득을 인정하기 위한 요건

대법원 1991. 3. 22. 선고 91다70 판결 - 225.
: 민법 제249조 소정의 선의, 무과실의 기준시점 및 민법 제251조가 무과실을 그 요건으로 하고 있는지 여부(적극)

대법원 2004. 10. 28. 선고 2003다30463 판결 – 226.

: 점유개정의 방법으로 동산에 대한 이중의 양도담보 설정계약이 체결된 경우, 뒤에 설정계약을 체결한 후순위 채권자가 양도담보권을 취득할 수 있는지 여부(소극)

대법원 1999. 1. 26. 선고 97다48906 판결 – 227.

: 동산 소유권유보부 매매의 매수인이 제3자에게 위 동산을 보관시킨 경우, 매수인이 그 점유반환청구권을 양수인에게 양도하고 지명채권 양도의 대항요건을 갖추면 동산의 선의취득에 필요한 점유의 취득 요건을 충족하는지 여부(적극)

대법원 1989. 7. 11. 선고 88다카9067 판결 – 229.

: 권원 없이 토지임차인의 승낙만 받고 그 지상에 식재한 수목의 소유권 귀속

대법원 2018. 3. 15. 선고 2015다69907 판결 – 271.

: 금융기관이 대출금 채권의 담보를 위하여 토지에 저당권과 함께 지료 없는 지상권을 설정하면서 채무자 등의 사용·수익권을 배제하지 않은 경우, 토지소유자가 토지를 사용·수익할 수 있는지 여부(원칙적 적극) 및 이때 토지소유자로부터 토지를 사용·수익할 수 있는 권리를 취득한 경우, 이러한 권리가 민법 제256조 단서가 정한 '권원'에 해당하는지 여부(적극)

제5문

점유자와 회복자의 관계[1]

1. 甲은 2018. 11. 1. 자신의 아버지인 乙 명의로 소유권이전등기가 경료된 X 건물(사무용 건물로서 주택이나 상가건물 임대차보호법의 적용 대상이 아님)에 대하여 아무런 권한 없이 자신의 명의로 丙과 임대차계약을 체결함에 있어서 임대차보증금 8억 원에 임료는 월 200만 원을 매월 11일에 지급하기로 하고, 기간은 1년으로 하며, 임차인이 개·보수한 시설은 임대차계약이 종료되면 위 임대차계약의 반환기일 전에 임차인의 부담으로 원상복구하기로 약정하였고, 위 임대차계약당일 임차보증금을 수령하면서 丙에게 X 건물을 인도하였다.

　　丙은 甲과의 임대차계약 당시 과실 없이 甲에게 위 X 건물을 임대할 적법한 권한이 있다고 오신하였으나, 乙은 2019. 8.

---

1)　2012년 제3차 법전협 모의시험 제1문 설문1, 2014년 제1차 법전협 모의시험 제1문 설문8.

말. 甲의 무단임대사실을 뒤늦게 알고 丙을 상대로 소를 제기하여 건물인도 및 2018. 11. 1.부터 위 인도완료시까지 임료 상당의 부당이득금을 청구하였고, 이에 丙은 2019. 9. 1. 이후의 임료를 甲에게 지급하지 않았다.

한편 甲은 2019. 11. 15. 丙을 상대로 임대차종료를 이유로 위 건물의 인도와 연체차임 및 위 인도완료시까지의 부당이득금의 반환을 청구하고 있다.

丙이 2019. 10. 15. 위 X 건물의 보일러를 150만 원을 들여 개량한 바 있다고 할 때, 乙이 제기한 위 소송에 대하여 丙의 합리적인 대응방법에 대하여 논하라.

I. 건물인도청구에 대하여

1. 乙의 소유권에 기한 반환청구권

乙은 X 건물의 소유자이고 丙은 X 건물을 점유하고 있다.

丙은 甲과 채권계약인 임대차계약을 체결하였고 위 계약은 甲-丙 간에 효력이 있다. 그러나 X 건물을 사용, 수익, 처분할 권리는 소유자인 乙에게만 있고, 甲은 소유자인 乙로부터 임대차계약체결의 대리권을 수여받거나 위 임대차계약을 추인받았다는 등의 사정도 없어서, 丙은 甲과의 위 임대차계약체결사실을 들어 乙에게 대항할 수 없다.

따라서 乙은 소유권에 기한 목적물반환청구권(제213조)을 행사
하여 丙에게 X 건물의 반환을 청구할 수 있다.

2. 丙의 계약상 권리에 기초한 항변

丙은 甲에 대해서는 임대차보증금을 지급받기 전에는 임차목적
물을 반환할 수 없다고 동시이행항변을 할 수 있다. 그러나 그와 같
은 동시이행항변을 계약당사자가 아닌 소유자 乙에게는 주장할 수
없다.

丙은 2019. 10. 15. 150만 원을 들여 보일러를 개량하였는데 이
는 유익비에 해당하므로, 임대차종료시에 그 가액의 증가가 현존한
다면 丙은 지출한 금액이나 그 증가액의 상환을 청구할 수 있다(제
626조). 그러나 丙은 甲과의 사이에 유익비상환청구권을 임대차계약
시의 약정에 의하여 포기한 것으로 볼 것이다. 따라서 위 채권에 기
한 유치권을 주장할 수는 없다(대판 1994. 9. 30. 94다20389).

3. 丙의 점유권에 기초한 항변

丙은 X 건물의 점유자인바, 점유물을 반환할 때 회복자 乙에 대
하여 유익비상환청구권(제203조 제2항)을 청구할 수 있는지를 검토할
필요가 있다.

판례에 의하면, 점유자가 유익비를 지출할 당시 계약관계 등 적
법한 점유권원을 가진 경우, 계약관계 등의 상대방이 아닌 점유회복

당시의 소유자에 대하여 민법 제203조 제2항에 따른 지출비용의 상환을 구할 수 없다(대판 2014. 3. 27. 2011다101209*). 그러나 사안에서는 丙이 위 유익비 지출 당시 乙에 대한 관계에서 적법한 점유권원이 없는바, 이러한 경우에는 위 판례가 적용되지 않고 위 제203조 제2항이 적용된다고 볼 여지가 있다. 그렇다면 丙은 X 건물의 점유자로서 X 건물에 관하여 생긴 유익비 채권의 변제를 받을 때까지 일응 X 건물을 유치할 권리가 있는 것으로 보인다(제320조 제1항).

그렇지만, 丙이 사안에서 점유권에 기하여 회복자인 乙에 대하여 유익비상환청구권을 가진다고 하더라도, 불법점유로 인한 점유에는 유치권이 적용되지 않고(제320조 제2항), 유익비지출 당시 점유물을 점유할 권원이 없음을 알았거나 이를 알지 못함이 중대한 과실에 기인하였다고 인정되는 경우에도 유치권의 주장은 배척된다(대법원 1966. 6. 7. 66다600, 601).

사안에서 乙은 2019. 8. 말. 甲의 무단임대사실을 뒤늦게 알고 丙을 상대로 소를 제기하였으므로 丙은 위 시점부터 점유할 권원이 없음을 알았던 것으로 보이고, 丙의 유익비 지출이 그 이후임은 역수상 명백하다. 따라서 丙은 점유자로서의 유익비상환청구권에 기한 유치권도 주장할 수 없다.

4. 소결

따라서 丙은 乙의 소유권에 기한 건물인도청구에 대하여 별다른 대응방법이 없고, 乙에게 X 건물을 인도하여야 한다.

II. 부당이득반환청구에 대하여

乙은 X 건물의 소유자로서 그 소유물을 타인인 丙이 점유하고 있고, 앞서 본 바와 같이 丙은 적법한 점유권원이 없으므로, 일응 丙은 乙에 대하여 부당이득반환의무가 있다. 다만, 그 범위와 관련하여 다음의 점에 대하여 차례로 살펴보기로 한다.

1. 선의점유자의 과실수취권

점유자와 회복자의 관계에서는 민법 제201조 제1항을 제748조 제1항에 대한 특칙으로 파악하여, 점유자가 선의인 경우 과실수취권을 인정하고 있다. 여기서 선의의 점유자라 함은 과실수취권을 포함하는 권원이 있다고 오신한 점유자를 말하고, 다만 그와 같은 오신을 함에는 오신할 만한 정당한 근거가 있어야 한다(대판 2000. 3. 10. 99다63350*). 점유자의 선의는 추정된다(제197조 제1항). 과실은 원칙적으로 천연과실과 법정과실을 의미하나, 판례는 사용이익 즉 부동산의 점유사용으로 인한 차임상당액도 과실에 준한다고 한다(대판 1996. 1. 26. 95다44290).

선의점유자에게 과실수취권이 있다고 함은, 비록 법률상 원인 없이 타인의 건물을 점유·사용하고 이로 말미암아 그에게 손해를 입혔다고 하더라도 그 점유·사용으로 인한 이득을 반환할 의무는 없다는 의미이다(대판 1996.1.26. 95다44290). 즉 과실수취권이 점유할 '법률상 원인'은 아니지만 선의수익자의 반환범위에 관한 민법 제

748조 제1항에 대한 특칙으로 작용하여 선의점유로 인한 이득반환 의무를 면하게 해 준 것이다.

2. 소제기 이후 점유의 악의의제

선의의 점유자라도 본권에 관한 소에 패소한 때에는 그 소가 제기된 때로부터 악의의 점유자가 된다(제197조 제2항).

여기서 '본권에 관한 소'란 소유권에 기한 점유물의 인도나 명도를 구하는 소송뿐 아니라 부당점유자를 상대로 점유로 인한 부당이득의 반환을 구하는 소송을 포함한다. 그리고 '패소한 때'는, 부당이득반환청구와 관련하여 원고의 소유권의 존부와 피고의 점유권원의 유무 등을 가려서 그 청구의 당부를 판단할 때 원고의 부당이득 주장이 이유 있는 경우를 의미하는 것으로서, 이 경우에 해당한다면, 적어도 소송의 패소확정을 기다리지 않고도 그 소제기일부터는[2] 피고의 점유를 악의로 의제하여 부당이득의 반환을 명하여야 한다(대판 2002.11.22. 2001다6213).[3]

---

[2] 법원에 접수한 날을 의미하는 것인지 소장이 송달된 날을 의미하는 것인지에 관하여, 대판 2000.12.8. 2000다14934, 14941은 전자로 본다. 그러나 대판 2016. 12. 29. 2016다242273(미간행)은 후자로 판시하였다. 지원림, 민법강의, [3-114] 등은 후자로 보아야 한다고 주장한다.

[3] 양창수, "2003년 판례관견의 소유물반환관계에 부수되는 청구권에 관한 재판례", 민법연구, 2005년 박영사, 375-376면은 위 규정의 모태가 된 일본민법의 입법이유를 설명하면서, 만일 패소의 판결에 이르기까지 점유자가 과실을 취득할 수 있다고 한다면 소송을 지연하여 부당의 이익을 탐하는 폐해를 방지하기 위한 것이고, 그런 점에서 '패소의 판결' 운운하거나 '확정적으로 패소한 때'라는 것은 요컨대 점유자가 권원 없

3. 소결

그렇다면 丙은 乙의 청구에 대하여 乙의 소제기일 전날까지 X 건물 점유는 선의의 점유라고 주장하여 그때까지의 부당이득금 지급을 거절할 수 있다.

이 점유하는 것이 공권적으로 확인된다는 의미에 그치는 것이라고 하여, 위 판례의 태도를 지지한다.

[본문 중의 표준판례]

대법원 2000. 3. 10. 선고 99다63350 판결 - 196.
: 민법 제201조 제1항 소정의 과실수취권이 인정되는 '선의의 점유자'의
의미 및 점유자의 점유가 권원 없는 것으로 밝혀진 경우, 선의점유 추정
의 번복 여부(소극)

대법원 2014. 3. 27. 선고 2011다101209 판결 - 198.
: 점유자가 유익비를 지출할 당시 계약관계 등 적법한 점유권원을 가진
경우, 계약관계 등의 상대방이 아닌 점유회복 당시의 소유자에 대하여 민
법 제203조 제2항에 따른 지출비용의 상환을 구할 수 있는지 여부(소극)

[관련 표준판례]

대법원 2018. 3. 29. 선고 2013다2559, 2566 판결 - 192.
: 국가 또는 상위 지방자치단체 등이 위임조례 등에 의하여 권한의 일부
를 하위 지방자치단체의 장 등 수임관청에게 기관위임을 하여 수임관청
이 사무처리를 위하여 공원 등의 부지가 된 토지를 점유하는 경우, 위임
관청이 위와 같은 토지를 간접점유하는 것인지 여부(적극)

대법원 2003. 11. 14. 선고 2001다61869 판결 - 197.
: 타인 소유물을 권원 없이 점유함으로써 얻은 사용이익을 반환하는 경
우, 민법 제748조 제2항과 제201조 제2항의 반환범위의 관계

대법원 2018. 6. 15. 선고 2018다206707 판결 – 199.

: 민법 제203조 제2항에서 정한 유익비의 상환범위 및 이에 관한 증명책임의 소재(=유익비의 상환을 구하는 점유자)

제6문

부동산의 취득시효[1]

1. 甲은 1990. 3. 5. 임야인 X 토지 1,000평방미터에 대하여 소유권이전등기를 경료하고 이를 점유하던 중 위 토지를 분할하여 매각하기로 마음먹고 위 토지로부터 13-1 토지 500평방미터(이하 '13-1 토지'라고 함)에 대하여 분필절차를 이행한 다음, 신문에 대지매각광고를 하였다. 이하 X 토지 중 분필절차 후 13-1 토지와 분리되어 남은 토지를 '분할 후 13 토지'라 한다.

　乙은 위 광고를 보고 등기부등본과 지적도를 떼어 위 대지의 면적 및 소유관계를 확인한 후 위 13-1 토지를 매수하기로 마음먹고 甲에게 연락하여 교섭한 결과, 대금을 500만 원으로 정하여 1990. 3. 15. 매매계약을 하고 당일 매매대금을 전액 지급한 후 이를 인도받아 甲이 표시해준 대로 울타리로 경계를

---

1)　2011년 제2회 법무부 모의시험 제2문, 2015년 제4회 변호사시험 제2문의 2, 2016년 제5회 변호사시험 제1문의 2, 2017년 제6회 변호사시험 제2문의 2.

표시해 두었으나 가까운 시일 내에 전매할 생각에 이전등기는 경료하지 않았다. 그런데 乙은 마땅히 전매할 상대를 찾지 못하고 계속 점유하던 중 2009. 11. 에 위 13-1 토지의 지목이 대지로 변경되자 위 대지상에 주택을 건축하기 위하여 자신이 점유하고 있는 울타리 내 토지를 실측해 본 결과 아래 도면 ㄱ, ㄴ, ㄷ, ㄹ, ㄱ의 각 점을 순차 연결한 선내 부분의 10평방미터(이하 '이 사건 토지부분'이라고 함)가 분할 후 13 토지의 공부상 경계를 침범한 사실을 알게 되었다.

이를 그림으로 표시하면 아래와 같다.

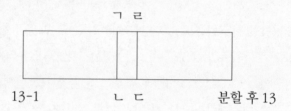

ㄱ-ㄴ : 공부상 경계, ㄷ-ㄹ : 현실의 경계

이에 乙은 甲에게 이 사실을 알렸으나 甲은 이를 무시한 채 급히 위 분할 후 13 토지의 매수자를 수소문 하였다. 서울에 살고 있는 丙은 위 분할 후 13 토지에 직접 가보지는 못하였으나 등기부등본과 지적도를 확인한 후 머지않아 위 임야도 대지로 지목이 변경되어 지가가 상승하리라는 기대 하에 2010. 1. 위 분할 후 13 토지를 2,500만 원에 매수하고 같은 해 3. 17. 소유권이전등기를 경료하였다.

가. 乙은 가능한 한 현재 점유하고 있는 위 13-1 토지 및 이 사건 토지부분의 소유권을 취득하고자 하나, 불가능한 부분이 있다면 금전배상이라도 받기를 원한다. 소송상 누구를 상대로 어떠한 청구를 하는 것이 적절한 방법인가?

나. 丙이 자신의 권리를 행사하는 방법으로 甲 또는 乙에 대하여 어떠한 청구를 할 수 있으며 이에 대하여 상대방은 어떠한 내용의 유효한 주장 또는 항변을 할 수 있을 것인지를 약술하라.

1-가

I. 문제의 소재

乙은 甲과의 매매계약에 기한 소유권이전등기청구권이 있다. 그런데 매매계약서상 표시한 위 13-1 토지의 공부상의 경계와 현실상의 경계가 다르므로 매매계약의 목적물에 위 13-1 토지 외에도 이 사건 토지부분이 포함되는지가 문제된다.

만일 매매목적물에 이 사건 토지부분이 포함되지 않는다면, 20년간 이 사건 토지부분을 점유함으로써 취득시효가 완성되었는지, 취득시효가 완성되었다면 누구를 상대로 소유권이전등기를 청구할 것인지, 위 청구에도 불구하고 이전등기를 받을 수 없다면 甲에 대하여 어떤 책임을 물을 수 있는지가 문제된다.

II. 매매계약에 기한 소유권이전등기청구

매매당사자로서는, 현실상의 경계대로의 토지를 매매할 의사를 가지고 토지를 매매한 사실이 인정되는 등 특별한 사정이 없는 한 지적공부에 기재된 지번, 지목, 지적 및 경계에 의하여 소유권의 범위가 확정된 토지를 매매한 것으로 보아야 할 것이다(대판 1992. 1. 21. 91다32961, 32978 참조). 그리고 그 매매 당사자가 그 토지의 실제의 경계가 지적공부상의 경계와 상이한 것을 모르는 상태에서 당시 실제의 경계를 대지의 경계로 알고 매매하였다고 해서, 매매당사자들이 지적공부상의 경계를 떠나 현실의 경계에 따라 매매목적물을 특정하여 매매한 것이라고 볼 수는 없다(대판 1993. 5. 11. 92다48918, 대판 1993. 11. 9. 93다22845*). 따라서 乙은 위 13-1 토지에 대하여만 (이 사건 토지부분은 포함되지 않는다) 甲을 상대로 1990. 3. 15. 자 매매를 원인으로 한 소유권이전등기를 청구할 수 있다.

참고로, 乙의 매매계약에 기한 소유권이전등기청구권은 채권으로서 10년의 소멸시효의 적용을 받는다(제162조 제1항). 현 시점에서는 위 13-1 토지에 대한 소유권이전등기청구권의 행사가 가능한 1990. 3. 15.로부터 10년이 경과하였으므로 甲은 일응 소유권이전등기청구권의 소멸시효가 완성하였다고 항변할 수 있다. 그러나 부동산을 매수한 자가 그 목적물을 인도받은 경우에 매수인의 등기청구권은 소멸시효에 걸리지 않는다(대판 1976. 11. 6. 76다148 전합*).

III. 취득시효완성을 원인으로 한 이 사건 토지부분에 대한 소유권이전등기청구

1. 취득시효의 완성여부

乙은 이 사건 토지부분에 대하여도 1990. 3. 15.부터 20년간 점유를 하였는바, 점유취득시효의 요건을 검토하여야 한다. 乙의 점유가 평온, 공연한 점유였음이 인정되므로 결국 자주점유로 볼 수 있는지가 문제된다.

판례에 의하면, 매매대상 토지의 실제 면적이 등기부상 면적을 상당히 초과하는 경우에는 매도인이 그 초과부분에 대한 소유권을 취득하여 이전하여 주기로 약정하는 등의 특별한 사정이 없는 한 그 초과부분은 단순한 점용권의 매매로 보아야 하므로 매수인의 초과부분 토지에 대한 점유는 타주점유에 해당하지만(대판 1999. 6. 25. 99다5866, 5873), 초과정도가 심하지 않아 그 침범 면적이 통상 있을 수 있는 착오 정도를 넘어선다고 볼 수 없는 사안에서는 타주점유로 볼 수 없다고 하였다(대판 2001. 5. 29. 2001다5913).[2]

그렇다면 이 사건 토지부분의 면적이 13-1 토지의 면적에 비하여 근소한 경우(2%에 해당하여 위 판례 사안의 7%보다도 적다)로서, 乙의 이 사건 토지부분에 대한 자주점유 추정이 깨어지지 않는다. 그러므

---

[2]   위 판례의 사안에서 초과부분 토지의 면적은 대상 토지의 7%에 불과하였다.

로 乙은 이 사건 토지부분에 대하여 취득시효완성을 원인으로 한 소유권이전등기청구권을 행사할 수 있게 된다.

2. 청구의 상대방

취득시효기간이 만료된 부동산의 점유자는 시효완성 당시 소유자에게 등기청구권을 가진다. 사안에서 시효완성 당시의 소유자인 甲이 청구의 상대방이다.

그런데 甲은 시효완성 후 丙에게 소유권이전등기를 경료하였으므로, 甲의 이 사건 토지부분에 대한 소유권이전등기의무가 이행불능되었음을 항변하여 乙의 청구를 배척할 수 있다.[3]

만약 乙이 丙을 상대로 이 사건 토지부분에 대한 소유권이전등기청구를 한다면, 丙은 이 사건 토지부분에 대한 乙의 취득시효가 완성된 2010. 3. 15. 후인 2010. 3. 17.에 甲으로부터 이 사건 토지부분에 대한 소유권을 취득하였음을 주장하여 乙의 청구를 배척할

---

3) 만약 사안과 다르게 丙이 乙의 이 사건 토지부분에 대한 점유취득시효완성을 알고도 甲에게 적극적으로 위 토지에 대한 매도를 권유한 경우라면 甲과 丙의 이 사건 토지부분에 대한 매매계약은 민법 제103조 위반의 계약으로서 무효가 되고 이 사건 토지부분에 대한 丙의 등기도 무효가 된다(대판 1995. 6. 30. 94다52416). 이 경우 甲의 乙에 대한 소유권이전등기의무는 여전히 이행가능한 상태에 있으므로, 乙은 甲에 대한 취득시효완성을 이유로 한 이전등기청구권을 보전하기 위하여 甲을 대위하여 丙 명의 등기의 말소를 구하고, 아울러 甲에 대하여는 취득시효완성을 원인으로 한 이전등기청구권을 행사할 수 있다. 즉, 甲과 丙을 피고로 하여, 丙에 대하여는 소유권이전등기말소를, 甲에 대하여는 소유권이전등기를 구할 수 있다. 甲과 丙의 매매가 통정허위표시로서 민법 제108조에 의하여 무효가 되는 경우에도 같다.

수 있다(대판 1991. 4. 9. 89다카1305). 이러한 결론은 丙이 乙의 점유취득시효완성에 대하여 악의라도 상관없고(대판 1994. 4. 12. 93다50666, 50673), 丙의 이전등기의 원인인 매매계약이 乙의 취득시효완성 전의 것이라도 무방하다(대판 1998. 7. 10. 97다45402).

IV. 甲을 상대로 하는 금원청구

1. 채무불이행(이행불능)을 원인으로 한 손해배상청구

위와 같이 이 사건 토지부분에 대하여 乙이 甲으로부터 이전등기를 받지 못하는 경우에, 乙이 甲의 소유권이전등기의무의 이행불능(丙의 이 사건 토지부분에 대한 소유권 취득)을 원인으로 하는 손해배상청구(제390조)를 하는 것을 생각해 볼 수 있다.

그러나 판례는 이 사건 토지부분에 대한 乙의 점유취득시효가 완성되었다고 하더라도 甲과 사이에 계약상의 채권, 채무관계가 성립한 것은 아니므로 甲에게 채무불이행책임을 물을 수는 없다고 한다(대판 1995. 7. 11. 94다4509). 甲은 이러한 주장을 통해 乙의 손해배상청구를 배척할 수 있다.[4]

---

4) 그러나 이와 같은 판례의 논리에 대해서는 비판이 있다. 대표적으로는 지원림, 민법강의, [3-172] 등 참조.

2. 불법행위를 원인으로 하는 손해배상청구

특별한 사정이 없는 한 시효완성사실을 알 수 없는 소유명의자가 소유권을 제3자에게 양도하더라도 불법행위가 성립하지 않는 것이지만, 소유명의자가 소유권을 양도하기 전에 시효권리자가 시효완성을 주장하거나 그로 인한 소유권이전등기청구를 한 경우 등 특별한 사정이 있는 경우에는 시효권리자가 소유명의자를 상대로 불법행위를 원인으로 하는 손해배상청구를 할 수 있다(대판 1995. 7. 11. 94다4509, 대판 1999. 9. 3. 99다20926*).[5]

따라서 乙이 이 사건 토지부분에 대한 점유취득시효를 완성한 경우에 甲의 이 사건 토지부분 매도 전에 乙이 이 사건 토지부분에 대한 취득시효완성을 주장하였다는 등의 사실이 인정된다면 乙은 甲의 불법행위(丙에게 이 사건 토지부분을 매도한 행위)를 원인으로 하는 손해배상청구(제750조)를 하는 것을 생각해 볼 수 있다. 손해배상액은 丙에게 이 사건 토지부분을 포함한 위 13 토지를 매매한 당시의 시가에 상당하는 50만 원(500평방미터의 매매대금이 2,500만 원이었으므로 위 특정부분에 해당하는 10평방미터의 가격)이 될 것이다.

---

5)   토지수용시 시효권리자가 등기부상 소유명의자에 대하여 가지는 대상청구권의 행사 요건도 같다(대판 1996. 12. 10. 94다43825*).

1-나

I. 丙의 권리행사방법

丙은 자신의 소유인 토지의 일부를 현재 乙이 점유하고 있어 그 소유권의 행사에 방해를 받고 있다.

이에 丙은 乙을 상대로 ① 이 사건 토지부분에 대하여 소유권에 기한 반환청구(제213조)로서 인도청구와 ② 이 사건 토지부분의 사용수익을 종료할 때까지 임료 상당의 부당이득반환청구를 할 수 있다.

II. 상대방 乙의 주장 또는 항변

1. 인도청구에 대하여

乙이 이 사건 토지부분에 대하여 점유취득시효를 완성하였다고 항변하더라도, 취득시효 완성 후의 소유권취득자인 丙에게 이를 주장할 수 없다. 따라서 丙의 인도청구는 그대로 인용될 것이다.

2. 부당이득반환청구에 대하여

乙은 자신이 선의의 점유자로서 이 사건 토지부분에 대하여 제201조 제1항의 과실수취권이 있음을 항쟁할 수 있을 것이다.

그런데 점유자의 선의는 추정되지만(제197조 제1항), 선의의 점유자라도 본권의 소에서 패소한 때에는 소 제기시에 소급하여 악의의 점유로 의제된다(제197조 제2항). 따라서 소제기 전까지의 과실수취권의 항변은 이유 있고, 결국 소제기 이후 부당이득반환청구만이 인용될 것이다.[6]

2. X 토지에 대하여 1965. 9. 1. A 명의의 소유권이전등기, 1988. 9. 1. B명의의 소유권이전등기가 경료되고, 그 중 1/4 지분에 관하여 2007. 9. 1.에, 나머지 3/4 지분에 관하여 2009. 9. 1. 각 甲 명의의 소유권이전등기가 경료되었다. 乙이 1967. 11. 1.부터 토지를 소유의 의사로 평온, 공연하게 점유한 사실이 인정된다(乙은 1967년경 토지를 매수하였다고 주장하나 이 부분 사실은 인정되지 않음).

甲이 乙을 상대로 소유권에 기하여 X 토지의 인도를 구함에 대하여, 乙은 취득시효완성의 항변을 하고자 한다. 어느 시점을 기산점으로 하여 시효완성주장을 할 수 있으며, 이 경우 항변의 당부를 판단하라.

---

6)   상세는 앞의 제5문 참조.

I. 논점

乙은 1967. 11. 1.부터 20년 이상 X 토지를 소유의 의사로 평온, 공연하게 점유하였으므로 1987. 11. 1. 취득시효가 완성되었다.

그러나 乙이 취득시효완성을 원인으로 한 소유권이전등기를 경료하지 않은 사이에 소유자변동이 있었는바, 1) 1987. 11. 1. 시효완성을 현재의 소유자 甲에게 주장할 수 있는지 2) 소유자변동이 있은 후에도 乙이 점유를 계속하여 20년이 경과한 2008. 9. 1. 시효완성을 현재의 소유자 甲에게 주장할 수 있는지가 문제된다.

II. 乙의 1987. 11. 1. 취득시효완성 항변에 대하여

乙은 1967. 11. 1.부터 X 토지를 소유의 의사로 평온, 공연하게 점유하였으므로 1987. 11. 1. 취득시효는 완성되었다.

그러나 타인의 토지를 20년간 소유의 의사로 평온·공연하게 점유한 자는 등기를 함으로써 비로소 그 소유권을 취득한다(제245조 제1항). 따라서 乙의 시효완성만으로는 소유권을 취득할 수 없고 등기하여야만 소유권을 취득할 수 있다. 乙이 시효완성을 원인으로 한 소유권이전등기를 경료하지 않는 사이에 X 토지에 대하여 B와 甲에게 순차 소유권이전등기가 경료되었는바, 그 등기가 당연무효라고 볼 자료가 없는 이 사건에서 A의 소유권이전등기의무는 이행불능이 되고 乙은 시효완성의 효과를 B와 甲에게 주장할 수 없다(대판 1991. 4. 9. 89다카1305).

결국 위 취득시효항변은 이유 없다.

Ⅲ. 乙의 2008. 9. 1. 취득시효완성 항변에 대하여

취득시효완성 후 토지소유자에 변동이 있어도 당초의 점유자가 계속 점유하고 있고 소유자가 변동된 시점을 새로운 기산점으로 삼아도 다시 취득시효의 점유기간이 완성되는 경우에, 시효취득을 주장하는 점유자로서는 소유권변동시를 새로운 취득시효의 기산점으로 삼아 취득시효의 완성을 주장할 수 있다(대판1994. 3. 22. 93다 46360 전합).

따라서 乙로서는 소유자변동시점인 B명의의 소유권이전등기가 경료된 1988. 9. 1.을 새로운 기산점으로 삼아 2008. 9. 1. 취득시효완성을 주장할 수 있다. 그 취득시효기간이 경과하기 전인 2007. 9. 1. 그 중 1/4 지분에 대하여 甲 명의로 등기부상 소유명의가 변경되었다고 하더라도 그 사유만으로는 점유자의 종래의 사실상태의 계속을 파괴한 것이라고 볼 수 없어 취득시효는 중단되지 않는다(대판 1993. 5. 25. 92다52764, 52771*). 따라서 새로운 소유명의자 甲은 취득시효완성 당시 권리의무 변동의 당사자로서 취득시효완성으로 인한 불이익을 받게 된다 할 것이어서 乙로서는 甲을 상대로 시효취득을 주장할 수 있다.[7]

---

7) 만약 취득시효기간이 경과하기 전에 경료된 甲 명의의 등기가 본등기가 아닌 가등기이고 본등기는 취득시효기간 경과 후에 경료되었다면 乙은 甲에 대하여 취득시효를

그러나 X 부동산의 3/4 지분에 대해서는 위 2008. 9. 1. 이후 乙이 소유권이전등기를 경료하지 않은 사이 2009. 9. 1. 등기부상 소유자명의가 甲으로 변경되었으므로 위 3/4 지분에 대해서는 시효취득을 주장할 수 없다(대판 2009. 7. 16. 2007다15172, 15189 전합*).

乙의 항변은 X 토지의 1/4 지분에 한하여 정당하다.

3. 甲은 乙 소유의 X 토지를 과실 없이 자신의 토지로 믿고 1990. 1. 4.부터 소유의 의사로 평온, 공연하게 점유해오다 2014. 1. 4. 乙을 상대로 점유취득시효 완성을 원인으로 하는 소유권이전등기청구소송을 제기하여 승소한 후, 2014. 6. 1. X 토지에 대하여 2010. 1. 4. 시효완성을 원인으로 한 소유권이전등기를 경료하였다. X 토지에는 丙을 근저당권자 및 채권자, 乙을 채무자, 채권최고액은 1억 원인 근저당권설정등기가 경료되어 있다.

　가. 만약 丙의 근저당권설정등기가 2007. 1. 4.에 경료되었다면, 甲은 丙의 근저당권설정등기의 피담보채무를 변제하지 않은 채 丙에게 근저당권설정등기의 말소등기절차의 이행을

주장할 수 있는가? 가등기는 그 성질상 본등기의 순위보전의 효력만이 있어 후일 본등기가 경료된 때에는 본등기의 순위가 가등기한 때로 소급하는 것뿐이지 본등기에 의한 물권변동의 효력이 가등기한 때로 소급하여 발생하는 것은 아니므로, 위와 같은 경우 乙로서는 甲에 대하여 시효취득을 주장할 수 없다(대판 1992.9.25. 92다21258)

청구할 수 있는가?

　나. 만약 丙의 근저당권설정등기가 2013. 1. 4.에 경료되었다면, 甲은 丙의 근저당권설정등기의 피담보채무를 변제하지 않은 채 丙에게 근저당권설정등기의 말소등기절차의 이행을 청구할 수 있는가?

　다. 위 나. 의 경우에 甲이 丙에게 위 근저당권의 피담보채무 1억 원을 변제하고 丙의 근저당권설정등기를 말소하였다면 甲은 乙에게 위 1억 원의 반환을 청구할 수 있는가?

　　　　　　　　3-가

I.　문제의 소재

　점유취득시효의 완성을 원인으로 소유권이전등기가 경료되면 점유자는 해당 부동산의 소유권을 취득하는바, 이 경우에 부동산상의 부담이 없는 상태에서 소유권을 취득하는 것인지 아니면 취득시효기간이 완성된 시점에서 존재하고 있던 해당 부동산상의 부담을 인수하게 되는 것인지가 문제된다.

II.　결론 및 논거

　취득시효로 인한 소유권의 취득은 원시취득이므로, 원소유자의 권리 위에 존재하던 제한은 원칙적으로 소멸한다. 따라서 특별한 사정이 없는 한[8] 원소유자의 소유권에 가하여진 각종 제한에 의하여 영향을 받지 아니하는 완전한 내용의 소유권을 취득하게 되므로(대판 2004. 9. 24. 2004다31463) 기존에 부동산에 설정되어 있던 근저당권설정등기 등의 제한은 소멸한다.

그렇다면 甲은 피담보채무를 변제하지 않고 소유권에 기한 방해배제청구(제214조)로서 丙에게 근저당권설정등기의 말소등기절차를 이행할 것을 청구할 수 있다.

3-나

I. 결론

甲은 丙에게 피담보채무를 변제하지 않고는 근저당권설정등기의 말소등기절차의 이행을 청구할 수 없다.

---

8) 시효의 기초인 점유 자체가 이미 그 위에 존재하는 타인의 권리에 의한 제한을 용인하면서 행해진 경우를 말한다. 예를 들어 지역권의 존재를 인용하면서 승역지의 점유자가 점유를 계속한 경우, 즉 승역지의 점유자의 취득시효가 진행되는 동안 지역권자가 그의 권리를 행사하는 경우에 위 지역권이 소멸하지 않는다.

II. 근거

타인의 토지를 20년간 소유의 의사로 평온·공연하게 점유한 자는 등기를 함으로써 비로소 그 소유권을 취득한다(제245조 제1항). 따라서 점유자가 원소유자에 대하여 점유로 인한 취득시효기간이 만료되었음을 원인으로 소유권이전등기청구를 하는 등 그 권리행사를 하거나 원소유자가 취득시효완성 사실을 알고 점유자의 권리취득을 방해하려고 하는 등의 특별한 사정이 없는 한, 원소유자는 점유자 명의로 소유권이전등기가 마쳐지기까지는 소유자로서 그 토지에 관한 적법한 권리를 행사할 수 있다.

그러므로 원소유자가 취득시효의 완성 이후 그 등기가 있기 전에 그 토지에 대하여 제한물권을 설정하는 등 소유자로서의 권리를 적법하게 행사하였다면, 시효취득자로서는 원소유자의 권리행사로 인한 제한물권의 설정 등이 이루어진 그 토지의 법률상 현상 그대로의 상태에서 등기에 의하여 그 소유권을 취득하게 된다(대판 2006. 5. 12. 2005다75910*).

丙은 X 토지에 대한 甲의 점유취득시효가 완성된 2010. 1. 4. 후이고 甲이 소유권이전등기를 경료한 2014. 6. 1. 전의 시점인 2013. 1. 4.에 X 토지에 근저당권설정등기를 경료하였다.[9]

따라서 甲은 丙의 근저당권설정등기가 경료된 상태 그대로의 X

---

9)   이 점에서 취득시효완성 전에 근저당권설정등기가 경료된 앞의 사례와는 차이가 있다.

토지의 소유권을 취득하게 된다. 그러므로 甲은 丙의 근저당권설정등기의 피담보채무를 변제하지 않은 채 丙에게 근저당권설정등기의 말소등기절차의 이행을 청구할 수 없다.

3-다

원소유자가 취득시효의 완성 이후 그 등기가 있기 전에 그 토지에 대하여 제3자에게 근저당권을 설정하는 등 처분행위를 한 경우에, 점유자가 원소유자에 대하여 점유로 인한 취득시효기간이 만료되었음을 원인으로 소유권이전등기청구를 하는 등 그 권리행사를 하거나 원소유자가 취득시효완성 사실을 알고 점유자의 권리취득을 방해하려고 하는 등의 특별한 사정이 없는 한, 이러한 원소유자로서의 권리행사가 시효취득자에 대한 관계에서 불법행위가 성립하는 것이 아님은 물론, 위 처분행위를 통하여 그 토지의 저당권 등을 취득한 제3자에 대하여 취득시효의 완성 및 그 권리취득의 소급효를 들어 대항할 수도 없다. 따라서 시효취득자가 원소유자에 의하여 그 토지에 설정된 근저당권의 피담보채무를 변제하는 것은, 시효취득자가 용인하여야 할 그 토지상의 부담을 제거하여 완전한 소유권을 확보하기 위한 것으로서 그 자신의 이익을 위한 행위라 할 것이니, 위 변제액 상당에 대하여 원소유자에게 대위변제를 이유로 구상권을 행사하거나 부당이득을 이유로 그 반환청구권을 행사할 수 없다(위 2005다75910 판결*).

위와 같은 이유로 甲은 乙에게 위 금원의 반환을 구할 수 없다.

[본문 중의 표준판례]

대법원 1993. 11. 9. 선고 93다22845 판결 - 63.
: 현실의 경계와 지적공부상의 경계가 다른 경우 매매대상 토지 - 지적공
부상의 경계와 지적에 의함.

대법원 1976. 11. 6. 선고 76다148 전원합의체 판결 - 136.
: 부동산을 매수한 자가 그 목적물을 인도받은 경우에 매수인의 등기청
구권이 소멸시효에 걸리는지 여부

대법원 2009. 7. 16. 선고 2007다15172, 15189 전원합의체 판결 - 209.
: 부동산 점유취득시효 완성 후 제3자 명의의 소유권이전등기가 마쳐진
경우, 그 소유권 변동시를 새로운 기산점으로 삼아 2차 취득시효의 완성
을 주장할 수 있는지 여부(적극)

대법원 1996. 12. 10. 선고 94다43825 판결 - 212.
: 부동산 점유취득시효 완성자의 대상청구권 행사 요건

대법원 1999. 9. 3. 선고 99다20926 판결 - 214.
: 등기명의인인 부동산 소유자가 그 부동산의 점유·사용관계를 잘 알고
있고, 취득시효완성을 원인으로 한 소유권이전등기 청구소송의 소장 부
본을 송달받은 상태에서 제3자에게 그 부동산을 처분함으로써 그 소유
권이전등기의무가 이행불능에 빠진 경우, 시효취득자에 대하여 손해배

상책임을 부담하는지 여부(적극)

대법원 2006. 5. 12. 선고 2005다75910 판결 - 215.

: 점유로 인한 취득시효기간이 만료된 후 점유자가 이를 원인으로 소유권이전등기청구 등의 권리행사를 하거나 원소유자가 취득시효완성 사실을 알고 점유자의 권리취득을 방해하려고 하는 등의 사정이 없는 경우, 점유자 명의로 소유권이전등기가 경료되기 전까지는 원소유자가 소유자로서 적법한 권리를 행사할 수 있는지 여부(적극) 등

대법원 1993. 5. 25. 선고 92다52764, 52771 - 221.

: 부동산취득시효기간 완성 전에 등기부상 소유명의의 변경이 점유취득시효의 중단사유가 되는지 여부(소극)

[관련 표준판례]

대법원 2018. 7. 12. 선고 2015다36167 판결 - 178.

: 부동산의 매매로 인한 소유권이전등기청구권의 양도에서 양도인의 채무자에 대한 통지만으로 채무자에 대한 대항력이 생기는지 여부(소극) 및 위 양도의 대항요건(=채무자의 동의나 승낙) / 취득시효완성으로 인한 소유권이전등기청구권의 양도의 경우, 위와 같은 양도제한의 법리가 적용되는지 여부(소극)

대법원 2000. 3. 16. 선고 97다37661 전원합의체 판결- 193.

: 점유자가 점유 개시 당시 소유권 취득의 원인이 될 수 있는 법률행위 기타 법률요건 없이 그와 같은 법률요건이 없다는 사실을 알면서 타인 소유의 부동산을 무단점유한 것이 입증된 경우, 자주점유 추정의 번복 여부(적극)

대법원 2004. 9. 24. 선고 2004다27273 판결 – 194.
: 상속에 의한 점유 승계시 점유 태양의 승계 여부(적극) 및 그 점유가 자주점유로 되기 위한 요건

대법원 1997. 8. 21. 선고 95다28625 전원합의체 판결 – 206.
: 취득시효에 있어서 '소유의 의사'의 입증책임, 점유자가 점유 개시 당시 소유권 취득의 원인이 될 수 있는 법률행위 기타 법률요건 없이 그와 같은 법률요건이 없다는 사실을 알면서 타인 소유의 부동산을 무단점유한 경우에 자주점유의 추정이 깨어지는지 여부(적극)

대법원 1992. 4. 24. 선고 92다6983 판결 – 207.
: 점유의 평온·공연성이 상실되는 경우

대법원 1995. 3. 28. 선고 93다47745 전원합의체 판결 – 208.
: 점유자가 취득시효기간의 만료로 소유권이전등기청구권을 취득한 후 점유를 상실한 경우, 그 소유권이전등기청구권이 소멸되는지 여부(원칙적 소극)

대법원 2015. 2. 26. 선고 2014다21649 판결 – 210.

: 양도담보권설정자가 양도담보부동산을 20년간 소유의 의사로 평온, 공연하게 점유한 경우, 양도담보권자를 상대로 점유취득시효를 원인으로 하여 담보 목적으로 경료된 소유권이전등기의 말소 또는 양도담보권설정자 명의로의 소유권이전등기를 구할 수 있는지 여부(소극)

대법원 1989. 4. 11. 선고 88다카5843, 88다카5850 판결 - 211.
: 취득시효완성 전후의 등기경료와 시효취득자의 소유권취득

대법원 1993. 2. 9. 선고 92다47892 판결 - 213.
: 시효취득을 이유로 소유권이전등기청구소송을 제기하여 입증까지 마친 후에 소유 명의자가 부동산을 제3자에게 처분하여 소유권이전등기를 넘겨줌으로써 시효취득자에게 손해를 입힌 행위가 불법행위를 구성하는지 여부(적극) 및 제3자가 위 불법행위에 적극 가담하였다면 그 행위는 반사회질서행위로서 무효인지 여부(적극)

대법원 1996. 3. 8. 선고 95다34866, 34873 판결 - 216.
: 취득시효가 완성된 점유자가 점유를 상실한 경우, 시효 완성으로 인한 소유권이전등기청구권의 소멸시효 진행 여부(적극)

대법원 1993. 9. 28. 선고 93다22883 판결 - 217.
: 취득시효기간 경과 후에 소유자의 공동상속인 중의 한 사람이 다른 상속인의 상속분을 양수한 경우 시효완성 후의 새로운 이해관계인에 해당하는지 여부(적극)

대법원 1998. 4. 10. 선고 97다56495 판결 — 218.

: 취득시효완성 후 소유자의 상속인 중 한 사람이 소유자로부터의 증여를 원인으로 소유권이전등기를 마친 경우, 새로운 이해관계인에 해당하는지 여부(한정 적극)

대법원 1995. 5. 9. 선고 94다22484 판결 — 219.

: 명의신탁 부동산에 대한 취득시효완성 후 시효취득에 의한 소유권이전등기가 경료되기 전에 명의신탁 해지로 등기명의가 명의신탁자에게 이전된 경우, 그에 대하여 시효취득을 주장할 수 없는지 여부(적극)

대법원 2007. 6. 14. 선고 2006다84423 판결 — 220.

: 미등기 토지에 대한 점유취득시효 완성 당시 소유권을 가지고 있던 자가 취득시효완성 후에 자신 명의로 소유권보존등기를 마치거나, 소유자의 상속인 명의로 소유권보존등기를 마친 경우, 점유자가 그 등기명의인에게 취득시효완성을 주장할 수 있는지 여부(적극)

대법원 2019. 4. 3. 선고 2018다296878 판결 — 222.

: 점유로 인한 부동산소유권의 시효취득에서 부동산에 대한 압류 또는 가압류가 취득시효의 중단사유가 되는지 여부(소극)

대법원 1998. 2. 24. 선고 96다8888 판결 — 224.

: 등기부상의 명의자로부터 부동산을 양수한 자의 점유는 특별한 사정이 없는 한 무과실의 점유에 해당하는지 여부(적극)

제7문

공동소유 - 공유[1]

1. 甲은 2010. 3. 5. A로부터 X 토지를 매입하고, A의 양해 하에 잔금을 완납하지 않은 상태에서 甲명의로 소유권이전등기를 경료한 후 X 토지상에 건물신축공사에 착수하되, 매매대금의 잔금은 건물이 완성되면 이를 담보로 제3자로부터 금원을 차용하여 지급하기로 하였다.

甲은 건물신축자금이 부족하자 乙, 丙으로부터 자금을 차용하면서 위 신축건물 Y를 乙, 丙과 공유하기로 하였고, Y 건물 완성 후 보존등기는 甲이 2/3 지분, 乙, 丙이 각 1/6 지분을 소유하는 것으로 경료하였다.

(이하 아래 질문에 답하라. 각 질문은 위 기재사실만을 공통으로 할 뿐 서로 연관되지 않은 별개의 것이다).

---

1) 2012년 제1회 변호사시험 제2문의 2, 2015년 제2차 법전협 모의시험 제2문의 2, 2017년 제6회 변호사시험 제2문의 2, 2018년 제2차 법전협 모의시험 제2문의 1.

가. Y 건물이 완공된 후 甲과 乙이 1년간 해외에 체류하고 있는 사이에 丙이 甲, 乙과는 하등의 상의 없이 단독으로 Y 건물을 점유하고 있다. 출장에서 돌아온 乙이 丙을 상대로 "丙은 乙에게 Y 건물을 인도하라"는 내용의 소를 제기하였다. 이에 대하여 법원이 어떤 판단을 하여야 하는지를 논거를 들어 설명하라.

나. 甲은 乙, 丙과 상의하지 않은 채 Y 건물의 1층은 乙, 丙을 배제한 채 단독 점유, 사용하고 Y 건물의 2층은 B에게 임대하여 점유, 사용하게 하고 있다. 이에 대하여 乙은 공유물에 대한 보존행위로서 甲에 대하여는 Y 건물의 1층 부분, B에 대하여는 Y 건물의 2층 부분의 인도를 구하고 아울러 甲 및 B에 대하여 위 각 인도를 구하는 부분의 점유로 인한 부당이득의 반환을 구한다. 위 Y 건물 1, 2층의 적정임료는 임대보증금이 없는 경우 각 월 500만 원의 비율에 의한 금원 상당이고, 위 소제기 후 변론종결시까지 甲, B의 점유기간은 6개월이다.

乙의 청구는 어떤 범위 내에서 타당한지 논거를 들어 설명하라.

다. Y 건물이 완공된 후 乙이 甲, 丙의 동의 없이 C에게 Y 건물의 1, 2층 창호공사를 금 2,400만 원에 도급하는 계약을 체결하고 C가 약정기간 내에 공사를 완공하였으나 C에게 공사대금을 지급하지 않았다. 위 공사로 인하여 Y 건물의 가치가 위 공사대금 이상으로 증가되었다. C는 Y 건물의 등기부등본을 확인하여 Y 건물을 甲, 乙, 丙이 공유하고 있음을 확인한 후 우선 최대지분권자인 甲에게 위 2,400만 원의 2/3에 상응하는 1,600만 원에 대하여 부당이득반환청구를 하였다. C 청구의 당부 및 그 논거는?

1-가

물건이 지분에 의하여 수인의 소유로 된 때에는 공유로 한다(제262조). 공유물의 관리에 관한 사항은 공유자의 지분의 과반수로써 결정하므로(제265조 본문), 공유지분권자라 할지라도 원칙적으로는 공유물의 전부나 일부를 다른 공유자와의 협의 없이 배타적으로 점유하여 사용, 수익할 수 없다(대판 1978. 7. 11. 78다695).

한편 공유물의 보존행위는 단독으로 할 수 있다(위 제265조 단서). 그렇다면 공유자의 1인이 공유물을 불법점유하고 있는 제3자에 대하여 공유물의 보존행위로서 공유물 전부의 명도를 단독으로 청구할 수 있는 것과 마찬가지로, 과반수지분에 미달하는 공유지분권자라도, 공유물의 보존행위로서 공유물을 독점적, 배타적으로 점유·사용하는 공유자를 상대로 공유물의 명도를 구할 수 있다(대판 1994. 3. 22. 93다9392, 93다9408 전합*)

위와 같은 법리에 따라, 사안에서 乙은 Y 건물에 대한 1/6 지분의 소유자에 불과하지만, 공유물의 보존행위로서 Y 건물을 독점적, 배타적으로 점유·사용하는 소수지분권자 丙(1/6 지분을 소유)을 상대로 Y 건물의 인도를 구할 수 있다.

1-나

I. 甲에 대한 청구

공유물의 과반수 지분권자는 공유물의 관리에 관한 사항을 단독으로 결정할 수 있고(제265조), 공유건물의 특정부분을 배타적으로 사용, 수익하는 것은 공유물의 관리방법의 하나로서 적법하므로(대판 1991. 9. 24. 88다카33855), Y 건물의 과반수지분권자인 甲에 대한 인도청구는 이유 없다.

그렇지만 공유물의 지분권자는 공유물을 자신의 지분 범위 내에서 사용·수익할 권리가 있으므로(제263조) 乙은 공유물을 배타적으로 사용·수익하고 있는 甲에게 자신의 지분에 해당하는 범위 내에서(1/6) 부당이득반환청구를 할 수 있다(대판 2002. 5. 14. 2002다9738*). 따라서 甲에 대한 부당이득반환청구는 500만 원(=500만 원 x 6개월 x 1/6)의 범위 내에서 이유 있다.

II. B에 대한 청구

위에서 본 것처럼 과반수지분권자 甲은 공유물을 배타적으로 사용·수익할 권리가 있다. 또한 공유자가 공유물을 타인에게 임대하는 행위 및 그 임대차계약을 해지하는 행위는 공유자의 지분의 과반수로 결정하여야 하는 공유물의 관리행위에 해당한다(대판 2010. 9. 9. 2010다37905). 따라서 과반수지분권자 甲이 결정한 공유물의 관리행위로 Y 건물 2층에 대한 임대차계약을 체결하여 이를 점유하는 B에 대하여 소수지분권자인 乙은 그 인도를 청구할 수 없다.

또한 위와 같이 과반수 지분의 공유자로부터 다시 그 특정부분의 사용·수익을 허락받은 제3자의 점유는 다수지분권자의 공유물 관리권에 터잡은 적법한 점유이므로 B는 소수지분권자 乙에 대하여 그 건물의 점유로 인한 법률상 원인 없는 이득을 얻고 있다고는 볼 수 없다(대판 2002. 5. 14. 2002다9738＊). 따라서 乙의 B에 대한 Y 건물 2층 점유로 인한 부당이득반환청구도 이유 없다.[2]

그런데 위와 같은 법리는 대판 2020. 5. 21. 2018다287522 전합에 의하여 변경되었다. 위 전원합의체 판결은 공유물의 소수지분권자 乙로서는 다른 공유자 甲, 乙과 협의하지 않고 공유물의 전부 또는 일부를 독점적으로 점유하는 다른 소수지분권자 丙을 상대로 공유물의 인도를 청구할 수는 없고, 지분권에 기한 방해배제청구권을 행사함으로써 위법 상태를 시정할 수 있을 뿐이라고 판시하였다. 애초에 보존행위를 공유자 중 1인이 단독으로 할 수 있도록 한 것(제265조 단서)이 보존행위가 다른 공유자에게도 이익이 되기 때문이라는 점을 고려하면, 위 인도청구는 위 법조에서 정한 보존행위라고 보기 어렵다는 점, 공유물에 대한 인도 판결과 그에 따른 집행의 결과는 소수지분권자 乙이 공유물을 단독으로 점유하며 사용·수익할 수

---

2) 乙이 甲에 대하여 Y 건물 2층의 임대차계약에 따라 얻은 임료 상당액의 1/6에 대하여 부당이득반환청구를 했다면 인용될 수 있겠으나, 사안에서 乙은 甲에게 청구하지 아니하였다.

있는 상태가 되어 '일부 소수지분권자가 다른 공유자를 배제하고 공유물을 독점적으로 점유'하는 인도 전의 위법한 상태와 다르지 않다는 점 등을 이유로 들었다.

1-다

乙은 C와 Y 건물의 창호공사 도급계약을 체결했고 C가 약정기간 내에 공사를 완공하였으나 C에게 공사대금을 지급하지 않았다. C는 계약상대방인 乙에게 위 대금을 청구하는 대신에, 乙과 Y 건물을 공유하고 있는 丙에게 부당이득을 청구하였으므로 이 청구가 인용될 수 있는지 검토한다.

위 창호공사의 의뢰는 공유물의 관리행위로서 성질을 가지는데, 乙은 소수지분권자이므로 甲, 丙과 상의 없이 C에게 창호공사를 의뢰하였다면 민법 제265조가 정한 관리행위의 유효요건인 '지분과반수에 의한 결정'요건을 구비하지 못하므로 내부관계에서 甲, 丙에 대하여 위 관리행위가 유효임을 전제로 한 비용을 청구할 수는 없다.[3] 그러나 乙과 C 간의 도급계약 자체는 유효하므로, C에 대한 관계에서 乙은 계약상의 의무를 부담하고, 계약상의 급부를 행한 당사자인

---

3) 만일 공사를 의뢰한 공유자가 과반수지분권자였다면 다른 공유자에 대하여 제266조 제1항에 근거하여 지출비용의 상환청구를 할 수 있다(대판 1991. 4. 12. 90다20220 참조).

C로서는 계약의 상대방인 乙에게 반대급부를 청구할 수 있다.

그렇지만 C는 乙 외에 계약상의 급부로 이득을 얻게 된 제3자에게 직접 부당이득반환을 청구할 수는 없는바, 이는 자기 책임 하에 체결된 계약에 따른 위험부담을 제3자에게 전가시키는 것이 되어 계약법의 기본원리에 반하는 결과를 초래하기 때문이다(대판 2002. 8. 23. 99다66564, 99다66571).

또한 유효한 도급계약에 기하여 수급인이 도급인으로부터 제3자 소유 물건의 점유를 이전받아 이를 수리한 결과 그 물건의 가치가 증가한 경우, 도급인이 그 물건을 간접점유하면서 궁극적으로 자신의 계산으로 비용지출과정을 관리한 것이므로, 도급인만이 소유자에 대한 관계에 있어서 민법 제203조에 의한 비용상환청구권을 행사할 수 있는 비용지출자라고 할 것이고, 수급인은 그러한 비용지출자에 해당하지 않는다. 그러한 법리에서 보면, Y 건물 중 甲, 丙의 공유지분은 乙 및 C에 대한 관계에서 제3자 소유의 물건에 해당하고, 이와 관련한 비용의 지출자는 C가 아니라 乙이므로 C로서는 甲, 丙에 대하여 위 203조에 기한 비용상환청구권도 행사할 수 없다(위 99다66564, 99다66571).[4]

따라서 C의 청구는 이유 없다.

---

[4] 위와 같은 내용의 계약을 과반수지분권자인 甲이 C와 체결하였다면 법률관계는 어떠한가? C로서는 위 사안의 경우와 마찬가지로 부당이득반환청구나 유익비상환청구를 할 수는 없으나, 甲으로서는 공사비를 C에게 지출한 후 乙, 丙에게 위 관리행위가 유효함을 전제로 지분비율에 따른 공사비상환을 청구할 수 있을 것이다(대판 1991.4.12. 90다20220 참조).

[본문 중의 표준판례]

대법원 1994. 3. 22. 선고 93다9392, 93다9408 전원합의체 판결 – 234.
: 공유물의 소수지분권자가 다른 공유자와의 협의 없이 자신의 지분 범위를 초과하여 공유물의 전부 또는 일부를 배타적으로 점유하고 있는 경우 다른 소수지분권자가 공유물의 보존행위로서 공유물의 인도나 명도를 청구할 수 있는지 여부(적극)

대법원 2002. 5. 14. 선고 2002다9738 판결 – 235.
: 과반수 지분의 공유자로부터 사용·수익을 허락받은 점유자에 대하여 소수 지분의 공유자가 점유배제를 구할 수 있는지 여부 등(소극)

[관련 표준판례]

대법원 2005. 5. 12. 선고 2005다1827 판결 – 236.
: 공유자 간의 공유물에 대한 사용수익·관리에 관한 특약이 특정승계인에게 승계되는지 여부(적극) 및 위 특약 후에 공유자에 변경이 있고 특약을 변경할 만한 사정이 있는 경우 특약을 변경할 수 있는지 여부(적극)

대법원 2016. 10. 27. 선고 2015다52978 판결 – 237.
: '공유지분 포기'의 법적 성질(=상대방 있는 단독행위) / 부동산 공유자의 공유지분 포기의 의사표시가 다른 공유자에게 도달하더라도 민법 제

186조에 의하여 등기를 하여야 공유지분 포기에 따른 물권변동의 효력이 발생하는지 여부(적극) 및 이 경우 등기의 형태(소유권이전등기)

대법원 2015. 3. 26. 선고 2014다233428 판결 - 238.
: 공유물분할의 소에서 공유물의 분할방법 / 현물분할하는 경우 분할청구자의 지분한도 안에서 현물분할을 하고 분할을 원하지 않는 나머지 공유자는 공유로 남는 방법이 허용되는지 여부(적극) 및 상대방들이 그들 사이만의 공유관계의 유지를 원하고 있지 아니한 경우에도 상대방들을 공유로 남기는 방식으로 현물분할을 할 수 있는지 여부(소극)

대법원 1987. 6. 23. 선고 86다카2188 판결 - 285.
: 공유토지 위에 건물을 소유하고 있는 토지공유자 중 1인이 그 토지지분만을 전매한 경우 관습상의 법정지상권이 성립하는지 여부(소극)

제8문

공동소유 - 총유[1], 합유

1. X 부동산은 甲 종중의 소유인바, 2010. 1. 1. X 부동산은 甲 종중 구성원인 乙, 丙, 丁에게 명의신탁하여 위 3인 공유로 소유권이전등기가 경료되어 있다. 현재 乙, 丙, 丁은 아무런 근거 없이 X 부동산에 대한 소유권을 주장하고 있다.

그런데 甲 종중의 대표자 戊가 이에 대한 적절한 조치를 취하지 않자, 甲 종중의 구성원인 己가 원고가 되어 총유물에 대한 보존행위임을 주장하며 乙, 丙, 丁을 상대로 X 부동산에 대한 소유권이전등기의 말소청구의 소를 제기하였다. 이러한 소송이 적법한지 논거를 들어 설명하라.

---

1)   2012년 제1차 법전협 모의시험 제1문 설문3, 설문4.

I. 결론

己가 제기한 위 소송은 적법하지 않다.

II. 근거

1. 문제의 소재

종중이란 공동선조의 후손들에 의하여 그 선조의 분묘수호 및 봉제사와 후손 상호간의 친목을 목적으로 형성되는 자연발생적인 종족단체로서 그 선조의 사망과 동시에 그 후손에 의하여 성립하는 것이며(대판 1992.7.24. 91다42081), 종중의 규약이나 관습에 따라 선출된 대표자 등에 의하여 대표되는 정도로 조직을 갖추고 지속적인 활동을 하고 있다면 비법인 사단으로서의 단체성이 인정된다(대판 1991.8.27. 91다16525). 종중이 물건을 소유하는 형태는 총유이다(제275조 제1항).

종중을 당사자로 하는 소송은 대표자가 제기할 수 있다(민사소송법 제52조, 제64조). 그러나 사안에서 甲 종중의 구성원인 己가 원고로서 총유재산에 대한 보존행위의 소를 제기하였는바, 총유재산에 대한 보존행위를 단체의 구성원 각자가 할 수 있는지가 문제된다.

2. 총유재산에 대한 보존행위

민법 제276조 제1항은 "총유물의 관리 및 처분은 사원총회의 결의에 의한다.", 같은 조 제2항은 "각 사원은 정관 기타의 규약에 좇아 총유물을 사용·수익할 수 있다." 라고 규정하고 있을 뿐, 보존행위는 그 구성원 각자가 할 수 있다는 민법 제265조 단서(공유의 경우) 또는 민법 제272조 단서(합유의 경우)와 같은 규정을 두고 있지 않다. 이는 법인 아닌 사단의 소유형태인 총유가 공유나 합유에 비하여 단체성이 강하고 구성원 개인들의 총유재산에 대한 지분권이 인정되지 아니하는 데에서 나오는 당연한 귀결이다.

따라서 총유재산에 관한 소송은 법인 아닌 사단이 그 명의로 사원총회의 결의[2]를 거쳐 하거나 또는 그 구성원 전원이 당사자가 되어 필수적 공동소송의 형태로 할 수 있을 뿐(민사소송법 제67조), 그 사단의 구성원은 그 소송의 당사자가 될 수 없고, 이러한 법리는 총유재산의 보존행위로서 소를 제기하는 경우에도 마찬가지라 할 것이다(대판 2005. 9. 15. 2004다44971 전합*).

결국 己가 제기한 위 소송은 적법하지 않다.

---

[2]　종중의 경우는 종중 총회를 개최하여 결의한다.

2. 甲 종중의 대표자인 A는 甲 종중을 대표하여 乙이 丙 은행
으로부터 금원을 차용함에 있어서 보증계약을 체결하였는데,
丙 은행은 乙이 차용금을 변제하지 않자 甲 종중을 상대로 보
증금 청구의 소를 제기하였다.

甲 종중의 종중재산으로는 X 부동산이 있는데, 甲 종중의
규약에는 종중재산의 처분이나 종중원에게 부담이 될 계약 등
에 관한 사항은 총회의 의결을 거치도록 규정되어 있다. 그런
데 A는 600여 종원들에게 아무런 소집통지도 아니한 채 자신
과 잘 아는 10명의 종원들만 모아 놓고 보증계약 및 X 부동산
에 대한 근저당권설정 등 일체에 대한 사항을 A에게 위임한다
는 결의를 하고 총회의결서를 작성한 다음, 이를 위 계약체결
시 丙 은행에게 교부한 것이었다.

이를 뒤늦게 안 甲 종중의 종중원들은 크게 반발하여 대표
자 A를 해임하고 B를 대표자로 새로이 선임하였다. B는 丙 은
행이 제기한 보증금 청구 소송에서 甲 종중을 대표하여, 위 규
약의 내용을 들어 총회의 결의를 거치지 않은 위 보증계약이
무효라고 항변하였다. 위 항변이 타당한지(필요한 주장, 입증사실
이 있으면 그 점도 부기하라) 여부를 논거를 들어 설명하라.

I. 종중의 보증채무 부담행위가 총유물의 처분인지 여부

총유물의 관리 및 처분에 관하여는 정관이나 규약에 정한 바가

있으면 그에 의하되 정관이나 규약에서 정한 바가 없으면 사원총회
의 결의에 의한다(제275조, 제276조 제1항). 이러한 절차를 거치지 아
니한 총유물의 관리·처분행위는 무효이다. 그런데 위 법조에서 말
하는 총유물의 관리 및 처분이라 함은 총유물 그 자체에 관한 이용·
개량행위나 법률적·사실적 처분행위를 의미한다. 따라서 보증채무
와 같이 총유물 그 자체의 관리·처분이 따르지 아니하는 채무부담
행위는 이를 총유물의 관리·처분행위라고 볼 수 없다(대판 2007. 4.
19. 2004다60072, 60089 전합, 대판 2014. 2. 13. 2012다112299, 112305*
등).

II. 甲 종중 규약의 의의와 위 규약에 반하는 보증행위의
효력

甲 종중에서는 보증채무와 같이 종중원에게 부담이 될 계약 등
에 관한 사항은 총회의 의결을 거치도록 규정되어 있는바, 甲 종중
의 위 규약은 대표자의 대표권제한규정에 해당한다. 법인에 있어서
대표권의 제한은 등기하지 않으면 제3자에게 대항할 수 없으나(제
60조), 법인 등기를 갖추지 못한 비법인 사단에 있어서는 대표권 제
한에 관하여 등기할 방법이 없어 위 제60조를 준용 또는 유추적용할
수 없다(대판 2003. 7. 22. 2002다64780). 그러나 비법인 사단의 경우
거래 상대방이 그와 같은 대표권 제한 및 그 위반 사실을 알았거나
과실로 인하여 이를 알지 못한 때에는 그 거래행위가 무효로 된다
고 봄이 상당하며, 이 경우 그 거래 상대방이 대표권 제한 및 그 위반

사실을 알았거나 알지 못한 데에 과실이 있다는 사정은 그 거래의 무효를 주장하는 측이 이를 주장·입증하여야 한다(위 2004다60072, 60089 전합).

그러므로 甲 종중으로서는, 대표권을 제한하는 위 규약의 존재 및 종중대표자가 위 제한에 위반하여 계약을 체결한 사실을 丙 은행이 알았거나 알지 못한 데 과실이 있다는 사정을 주장, 입증하여 보증계약을 무효화시킬 수 있다. 위와 같은 조건을 충족한다면, B가 甲 종중의 대표자로서 한 위 항변은 타당하다.

[본문 중의 표준판례]

대법원 2005. 9. 15. 선고 2004다44971 전원합의체 판결 - 242.

: 법인 아닌 사단의 구성원 개인이 총유재산의 보존을 위한 소를 제기할 수 있는지 여부(소극)

대법원 2014. 2. 13. 선고 2012다112299, 112305 판결 - 243.

: 총유물 자체의 관리·처분이 따르지 아니하는 채무부담행위가 민법 제275조 등에서 말하는 총유물의 관리·처분에 해당하는지 여부(소극)

[관련 표준판례]

대법원 1996. 12. 10. 선고 96다23238 판결 - 240.

: 합유자 중 일부가 사망한 경우의 소유권 귀속관계(잔존 합유자가 2인 이상일 경우에는 잔존 합유자의 합유로 귀속되고 잔존 합유자가 1인인 경우에는 잔존 합유자의 단독소유)

대법원 2013. 11. 28. 선고 2011다80449 판결 - 241.

: 합유재산의 보존행위를 각 합유자 단독으로 할 수 있도록 한 취지(그 보존행위가 긴급을 요하는 경우가 많고 다른 합유자에게도 이익이 되는 것이 보통이기 때문)

제9문

구분소유적 공유[1], 구분소유

1. 甲은 乙로부터 1필의 X 토지 중 일부를 위치와 면적을 특정하여 매수했으나 필요가 생기면 추후 분할하기로 하고, 분할등기를 하지 않은 채 X 토지 전체 면적에 대한 甲의 매수 부분의 면적 비율에 상응하는 지분소유권이전등기를 甲 명의로 경료하고 甲과 乙은 각자 소유하게 될 토지의 경계선을 확정하였다.

　X 토지 옆에서 공장을 운영하던 丙은 X 토지가 상당 기간 방치되어 있는 것을 보고 甲과 乙의 동의를 받지 아니한 채 甲이 소유하는 토지 부분에는 천막시설을, 乙이 소유하는 토지 부분에는 컨테이너로 만든 임시사무실을 丙의 비용으로 신축, 설치하여 사용하고 있었다. 이를 알게 된 甲은 丙을 상대로 천막시설과 컨테이너를 철거하여 X 토지 전체를 인도하라는 소

---

1)　2014년 제3회 변호사시험 제1문의 1 설문1.

송을 제기하였다. 위 소송에서 丙은 'X 토지 전체가 甲과 乙의 공유인데 乙은 현재 X 토지의 인도를 요구하지 않고 있다.'는 취지의 주장을 하고 있다.

甲의 丙에 대한 청구가 인용될 수 있는지와 그 근거를 서술하라.

I. 문제의 소재

甲과 乙은 X 토지에 대하여 각 지분등기를 가지고 있는바, 이들의 소유관계가 공유라면 제3자의 방해행위에 대하여 공유자 1인의 보존행위로 공유물 전체의 인도를 청구할 수 있다(제265조 단서). 그러나 각자가 X 토지 전부에 대하여 지분권을 가지는 것이 아니라, 위치와 면적을 특정하여 소유하면서 다만 형식상 지분등기를 가지고 있는 경우에도 공유물의 보존행위로서 마찬가지로 공유물 전체의 인도를 청구할 수 있는지가 문제된다.

II. 甲과 乙의 토지소유관계

甲이 乙로부터 1필지의 X 토지 중 일부를 특정하여 매수하고 다만 그 소유권이전등기는 그 필지 전체에 관하여 공유지분권이전등기를 하였는바, 이를 구분소유적 공유관계라고 한다(대판 2005. 4. 29. 2004다71409*). 이를 또한 각자가 특정부분에 대해서는 배타적인 소유권을 가지되, 그 특정부분 이외의 부분에 관한 등기는 상호 명의신탁을 하고 있다는 이유로 상호명의신탁관계라고도 한다. 상호명의신탁으로 파악하는 경우에 위 등기에 대하여 명의신탁을 금지하는 부동산 실권리자명의 등기에 관한 법률의 적용 여부가 문제되나, 동법 제2조 제1호 나. 목에 해당하여 위 법률에 의한 제한을 받지 않는 유효한 등기이다.

이 경우에 그 지분권자는 내부관계에 있어서는 특정부분에 한하여 소유권을 취득하고 이를 배타적으로 사용, 수익할 수 있고, 다른 구분소유자의 방해행위에 대하여는 소유권에 터잡아 그 배제를 구할 수 있다.

그러나 외부관계에 있어서는 1필지 전체에 관하여 공유관계가 성립되고 공유자로서의 권리만을 주장할 수 있는 것이므로, 제3자의 방해행위가 있는 경우에는 자기의 구분소유 부분뿐 아니라 전체 토지에 대하여 공유물의 보존행위로서 그 배제를 구할 수 있다(대판 1994. 2. 8. 93다42986*).

Ⅲ. 결론

甲의 청구는 정당하여 인용된다.

[본문 중의 표준 판례]

대법원 2005. 4. 29. 선고 2004다71409 판결 – 262.
: 구분소유적 공유관계의 성립요건 – 공유자들 사이에서 특정부분을 각각의 공유자들에게 배타적으로 귀속시키려는 의사의 합치가 필요.

대법원 1994. 2. 8. 선고 93다42986 판결 – 263.
: 구분소유적 공유관계에 있는 자가 전체 토지에 대하여 제3자의 방해행위의 배제를 구할 수 있는지 여부(적극)

[관련 표준 판례]

대법원 2013. 1. 17. 선고 2010다71578 전원합의체 판결 – 201.
: 구분소유의 성립을 인정하기 위하여 반드시 집합건축물대장의 등록이나 구분건물의 표시에 관한 등기가 필요한지 여부(소극)

대법원 2010. 5. 27. 선고 2006다84171 판결 – 264.
: 상호명의신탁관계 내지 구분소유적 공유관계에 있는 건물의 특정부분을 구분소유하는 자는 그 부분에 대하여 신탁적으로 지분등기를 가지고 있는 자를 상대로 하여 그 특정부분에 대한 명의신탁해지를 원인으로 한 지분이전등기절차의 이행을 구할 수 있을 뿐 그 건물 전체에 대한 공유물분할을 구할 수는 없다.

대법원 2014. 6. 26. 선고 2012다25944 판결 - 265.

: 1필지의 토지 중 특정부분에 대한 구분소유적 공유관계를 표상하는 공유지분 위에 근저당권이 설정된 후 구분소유적 공유관계가 해소된 경우, 근저당권이 근저당권설정자의 단독소유로 분할된 토지에 집중되는지 여부(소극)

* 집합건물의 소유 및 관리에 관한 법률(이하 집합건물법)상의 구분소유

- 집합건물법은 변호사시험의 대상이 되는 법률이 아니어서 시험용법전에 수록되지 않았으나, 아래 판례들은 표준판례에 포함되어 있다.

: 대법원 2013. 1. 17. 선고 2010다71578 전원합의체 판결 - 201. 구분소유의 성립

: 대법원 2000. 11. 16. 선고 98다45652, 45669 전원합의체 판결 - 202. 분리처분금지

: 대법원 2013. 3. 14. 선고 2011다58701 판결 - 203. 구분소유자들간의 대지 사용·수익에 관한 특약의 승계여부

제10문

명의신탁(부동산실명법)[1]

1. X 토지의 소유자 甲은 2005. 1. 5. 사망하였고, 상속인으로
는 그의 처 乙과 아들 丙이 있다.

　　乙, 丙은 상속세를 면탈하기 위하여 부동산 실권리자명의
등기에 관한 법률(이하 '부동산실명법')이 금지하고 있는 명의신
탁약정을 2005. 1. 15. 丁과 체결하고 계약당일 X 부동산에 관
하여 甲으로부터 직접 丁에게 2005. 1. 3. 자 매매를 원인으로
하는 소유권이전등기를 경료하였다.

　　그 후 丁은 위와 같은 명의신탁사실을 알고 있던 戊에게 X
토지를 당시의 시가에 따라 1억 원에 매각하기로 합의한 후 대
금을 수령하고 戊에게 이전등기를 경료하였다.

　　乙은 戊에 대하여 소유권에 기한 방해배제청구로 자신의

---

1)   2013년 제2회 변호사시험 제2문의 1, 2015년 제4회 변호사시험 제1문의 5, 2016년
     제5회 변호사시험 제2문의 1, 2016년 제1차 법전협 모의시험 제2문의 3.

상속지분에 대하여 진정명의 회복을 위한 소유권이전등기를 청구하였다. 위 청구에 대한 법원의 판단을 논하라.

I. 결론

乙의 戊에 대한 청구는 기각된다.

II. 논거

1. 상속으로 인한 X 토지의 소유권귀속

상속인은 상속개시된 때로부터 피상속인의 재산에 관한 포괄적 권리의무를 승계한다(제1005조). 상속인이 수인인 때에는 상속재산은 그 공유로 한다(제1006조). 피상속인의 배우자의 상속분은 직계비속과 공동으로 상속하는 때에는 직계비속의 상속분의 5할을 가산하고, 직계존속과 공동으로 상속하는 때에는 직계존속의 상속분의 5할을 가산한다(제1009조).

사안에서 甲의 사망으로 X 토지의 소유권은 乙과 丙에게 법정상속분에 따라 등기 없이 이전된다(제187조 본문). 따라서 乙이 3/5 지분, 丙이 2/5 지분의 비율로 X 부동산을 공유한다.

2. 양자간 등기명의신탁

甲으로부터 丁에게 경료된 이전등기는, 甲과 丁 사이에 실제 있었던 매매계약에 기한 것은 아니지만, X 토지를 적법하게 상속한 乙, 丙이 그 의사에 기하여 경료한 것이므로 원인무효의 등기는 아니다.

그러나 대내적으로는 실권리자가 부동산에 관한 물권을 보유하거나 보유하기로 하고 그에 관한 등기는 그 타인의 명의로 하기로 하는 약정(부동산실명법 제2조 제1호)에 기한 것으로서, 양자간 명의신탁에 기한 등기에 해당하여 무효이다(동법 제4조 제2항 본문).[2]

3. 제3자 戊의 소유권 취득

그러나 명의수탁자 丁이 X 토지를 제3자인 戊에게 매도하고 戊 앞으로 이전등기를 마침으로써 戊는 위 명의신탁약정의 선, 악의를 불문하고 유효하게 소유권을 취득(동법 제4조 제3항)한다.

이로써 乙은 그 상속지분에 대한 소유권을 상실하였고, 더 이상 소유권에 기한 물권적 청구권으로서 진정명의회복을 원인으로 한 이전등기청구권을 주장할 수 없다. 따라서 乙의 戊에 대한 위 청구

는 기각된다.

2. 甲과 甲의 동생인 A는 2010. 9.경 甲이 제공한 매수자금으로 A 명의로 B 소유의 X 부동산을 매수하여 A 명의로 소유권이전등기를 경료하기로 하고, 향후 A는 甲이 요구하는 경우 언제든지 甲에게 소유권을 반환하기로 하는 명의신탁약정을 하였다.

A는 B와 2010. 10. 12. X 부동산에 관하여 대금 3억 원에 매매계약을 체결하고 甲이 제공한 매수자금 3억 원을 B에게 지급하였으나 B는 甲과 A 사이의 명의신탁약정에 대하여는 전혀 알지 못하였다.

가. A 명의로 소유권이전등기가 경료된 시점에서 X 부동산의 소유권은 누구에게 귀속되는가? 논거를 들어 설명하라.

나. 그런데 "부동산 실권리자명의 등기에 관한 법률(1995. 7. 1. 부터 시행)"의 내용을 잘 알고 있는 A는 2014. 10. 1. 위 명의신탁 사실을 잘 아는 C에게 이 사건 부동산을 매각하고 그 앞으로 매매를 원인으로 한 소유권이전등기를 마쳐 주었다. 위 사실을 뒤늦게 알게 된 甲은 A와 C로부터 X 부동산의 소유권을 넘겨받기를 원하나, 만약 부동산 소유권을 넘겨받을 수 없다면 금전적으로나마 손해를 보전받기를 원한다.

甲이 누구를 상대로 어떤 소송을 제기하여야 승소할 수 있는지를 그 논거와 함께 서술하라(다만, 금원지급 청구에 있어서 X 부동산의 취득과 관련하여 발생한 제세공과금이나 비용 등이나 지연손해금은 고려하지 말 것).

2-가

A를 매수인, B를 매도인으로 한 X 부동산 매매계약은 甲과 A 간의 이른바 '계약명의신탁'(명의수탁자 명의로 제3자와 매매계약을 체결하기로 하는, 명의신탁자와 명의수탁자 간의 약정을 말한다)[3]에 터잡은 것이다.

그런데 위와 같은 甲과 A 간의 명의신탁약정은 무효(부동산실명법 제4조 제1항)이지만, 매도인 B가 위 명의신탁약정에 대하여 선의이므로 매도인 B로부터 수탁자 A에게 경료된 소유권이전등기는 유효(동법 제4조 제2항 단서)하다.

따라서 X 부동산의 소유권은 확정적으로 A에게 귀속된다.

---

3)   한편 명의신탁자가 매도인으로부터 부동산을 매수하면서 자기 명의의 등기를 경료하지 않은 채 바로 명의수탁자 앞으로 이전등기를 하는 경우를 '3자간 등기명의신탁'이라고 한다. 이 경우와 계약명의신탁의 구별 기준에 대해서는 대결 2013. 10. 7.자 2013스133 ＊ 및 2015년 제4회 변호사시험 제1문의 5 참조.

2-나

위와 같이 계약명의신탁에서 수탁자 A가 확정적으로 소유권을 취득한 경우에, 수탁자로부터의 매수인 C는 명의신탁사실에 관하여 악의더라도 유효하게 X 부동산의 소유권을 승계취득하게 된다. 따라서 소유자가 아닌 甲으로서는 유효한 등기를 갖춘 소유권자 C를 상대로 말소등기를 청구할 수 없다.[4]

다만 甲으로서는 A와 맺은 위 무효의 명의신탁약정에 기하여 A에게 X 부동산의 매수대금 3억 원을 교부하였고 이로 인하여 동액 상당의 손해를 입게 되었다. 그러므로 甲은 A를 상대로 위 3억 원 및 이에 대하여 위 대금지급일인 2010. 10. 12.부터 완제일까지 연 5푼의 비율에 의한 이자를 부당이득으로서 반환을 청구할 수 있다(대판 2005. 1. 28. 2002다66922; 대판 2010. 10. 14. 2007다90432*).

---

4)   이 경우에 C는 명의신탁 약정의 당사자 및 포괄승계인 이외의 자로서 명의수탁자가 물권자임을 기초로 그와의 사이에 직접 새로운 이해관계를 맺은 사람이므로 부동산 실명법 제4조 제3항의 제3자에 해당한다(대판 2005. 11. 10. 2005다34667, 34674 * 등 참조).

[본문 중의 표준판례]

대법원 2013. 2. 28. 선고 2010다89814 판결 - 244.
: 양자간 등기명의신탁에서 명의수탁자가 신탁부동산을 처분하여 제3취득자가 유효하게 소유권을 취득함으로써 명의신탁자가 신탁부동산에 대한 소유권을 상실한 경우, 명의신탁자의 소유권에 기한 물권적 청구권이 인정되는지 여부(소극)

대법원 2019. 6. 20. 선고 2013다218156 전원합의체 판결 - 245.
: 부동산 실권리자명의 등기에 관한 법률을 위반하여 무효인 명의신탁약정에 따라 명의수탁자 명의로 등기를 한 경우, 명의신탁자가 명의수탁자를 상대로 그 등기의 말소를 구하는 것이 민법 제746조의 불법원인급여를 이유로 금지되는지 여부(소극)

대법원 2010. 10. 14. 선고 2007다90432 판결 - 252.
: '부동산 실권리자명의 등기에 관한 법률' 시행 후에 이른바 계약명의신탁약정이 체결되고 그에 따라 명의수탁자가 선의의 매도인과 부동산 매매계약을 체결하여 자신의 명의로 그 부동산의 소유권이전등기를 마친 경우, 명의수탁자가 명의신탁자에게 반환하여야 할 부당이득의 범위(=명의신탁자로부터 제공받은 매수자금 및 취득세, 등록세 등 취득비용)

[관련 표준판례]

대법원 1995. 5. 9. 선고 94다22484 판결 - 219.
: 명의신탁 부동산에 대한 취득시효 완성 후 시효취득에 의한 소유권이
전등기가 경료되기 전에 명의신탁 해지로 등기명의가 명의신탁자에게
이전된 경우, 그에 대하여 시효취득을 주장할 수 없는지 여부

대법원 1999. 6. 17. 선고 98다58443 전원합의체 판결 - 246.
: 여러 필지의 토지의 각 일부 지분을 명의신탁받은 명의수탁자가 임의
로 명의신탁관계가 없는 다른 공유자들과의 공유물분할의 협의에 따라
그 중 특정 토지를 단독으로 소유하고 나머지 토지에 대한 지분을 다른
공유자에게 이전한 경우, 그 특정 토지 전부에 대하여 명의신탁관계가
존속하는지 여부(적극)

대법원 1997. 5. 1. 자 97마384 결정 - 247.
: 부동산실권리자명의등기에관한법률에 규정된 유예기간 내에 기존의
명의신탁자가 실명등기를 하지 않은 경우, 유예기간 경과 후 명의신탁
해지를 원인으로 한 소유권이전등기 신청의 허부(소극)

대법원 2011. 9. 8. 선고 2009다49193, 49209 판결 - 248.
: 3자간 등기명의신탁에서 부동산 실권리자명의 등기에 관한 법률에서
정한 유예기간이 경과한 후 명의수탁자가 신탁부동산을 임의로 처분하
거나 강제수용이나 공공용지 협의취득 등을 원인으로 제3취득자 명의로

이전등기가 마쳐진 경우, 명의수탁자가 명의신탁자에게 신탁부동산의 처분대금이나 보상금으로 취득한 이익을 부당이득으로 반환할 의무가 있는지 여부(적극)

대법원 2004. 6. 25. 선고 2004다6764 판결 - 249.
: 이른바 3자간 등기명의신탁에 있어서, 명의수탁자가 부동산실권리자명의등기에관한법률에서 정한 유예기간 경과 후에 자의로 명의신탁자에게 바로 소유권이전등기를 경료해 준 경우, 그 등기의 효력(유효)

대법원 2013. 12. 12. 선고 2013다26647 판결 - 250.
: 3자간 등기명의신탁에 의한 등기가 유효기간 경과로 무효로 된 경우, 목적 부동산을 인도받아 점유하고 있는 명의신탁자의 매도인에 대한 소유권이전등기청구권의 소멸시효가 진행되는지 여부(소극)

대법원 2013. 10. 7. 자 2013스133 결정 - 251.
: 3자간 등기명의신탁과 계약명의신탁의 구별 기준

대법원 2002. 12. 26. 선고 2000다21123 판결 - 253.
: 부동산실권리자명의등기에관한법률 시행 전에 이른바 계약명의신탁에 따라 명의신탁 약정이 있다는 사실을 알지 못하는 소유자로부터 명의수탁자 앞으로 소유권이전등기가 경료되고 같은 법 소정의 유예기간이 경과하여 명의수탁자가 당해 부동산의 완전한 소유권을 취득한 경우, 명의수탁자가 명의신탁자에게 반환하여야 할 부당이득의 대상(=당해 부동산 자체)

대법원 2008. 5. 15. 선고 2007다74690 판결 - 254.
: 부동산 실권리자명의 등기에 관한 법률 시행 전에 계약명의신탁을 한 명의신탁자가 같은 법 제11조에서 정한 유예기간 내에 그 명의로 당해 부동산을 등기이전하는 데 법률상 장애가 있었던 경우, 명의수탁자가 명의신탁자에게 반환하여야 할 부당이득의 대상(=매수자금)

대법원 2009. 7. 9. 선고 2009다23313 판결 - 255.
명의신탁자가 명의신탁 부동산을 계속 점유·사용하여 온 경우에는 명의수탁자에 대한 부당이득반환청구권에 기한 등기청구권의 소멸시효가 진행하지 않는지 여부(소극)

대법원 2013. 9. 12. 선고 2010다95185 판결 - 256.
: 이른바 계약명의신탁에서 매매계약을 체결한 악의의 매도인이 명의수탁자 앞으로 부동산 소유권이전등기를 마친 경우, 명의수탁자가 그 부동산을 제3자에게 처분하는 행위가 매도인의 소유권을 침해하는 불법행위가 되는지 여부(적극) 및 이때 매매대금을 수령한 매도인에게 명의수탁자의 처분행위로 인하여 손해가 발생하였다고 볼 수 있는지 여부(원칙적 소극)

대법원 2015. 2. 26. 선고 2014다63315 판결 - 257.
: 무효인 명의신탁약정을 전제로 하여 이에 기한 명의신탁자의 명의수탁자에 대한 소유권이전등기청구권을 확보하기 위하여 명의신탁 부동산에 명의신탁자 명의로 가등기를 마치고 향후 명의신탁자가 요구하는 경우 본등기를 마쳐 주기로 한 약정 및 위 약정에 의하여 마쳐진 가등기의 효력(무효)

대법원 2014. 8. 20. 선고 2014다30483 판결 - 258.

: 명의수탁자가 완전한 소유권 취득을 전제로 사후적으로 명의신탁자와
매수자금반환의무의 이행에 갈음하여 명의신탁된 부동산을 양도하기로
약정하고 명의신탁자 앞으로 소유권이전등기를 마쳐준 경우, 위 소유권
이전등기의 효력(=원칙적 유효)

대법원 2009. 3. 12. 선고 2008다36022 판결 - 259.

: 부동산 실권리자명의 등기에 관한 법률 제4조 제3항에 규정된 '제3자'
의 범위(선·악의 불문)

대법원 2004. 8. 30. 선고 2002다48771 판결 - 260.

: 명의신탁자와 부동산에 관한 계약을 체결하고 단지 등기명의만을 명의
수탁자로부터 경료받은 것과 같은 외관을 갖춘 제3자를 부동산 실권리
자명의 등기에 관한 법률 제4조 제3항에 정한 '제3자'로 볼 수 있는지 여
부(소극) 및 그 제3자 명의의 등기의 효력(=무효)

대법원 2005. 11. 10. 선고 2005다34667, 34674 판결 - 261.

: 명의수탁자로부터 명의신탁된 부동산의 소유명의를 이어받은 자가 부
동산 실권리자명의 등기에 관한 법률 제4조 제3항의 제3자에 해당하지
않아 그 등기가 무효인 경우, 그 등기에 기초하여 새로운 법률원인으로
이해관계를 맺은 자 명의의 등기의 효력(무효) 및 위 이해관계를 맺은 자
가 위 조항이 규정하는 제3자에 해당하는지 여부(소극)

제11문

지상권 – 지상권소멸청구,
담보지상권, (관습상) 법정지상권[1]

1. 甲은 자기 소유의 X 토지에 대하여 乙 은행에게 근저당권을 설정하는 동시에 X 토지의 담보가치의 하락을 막기 위하여 지상권을 설정해 주었다(이하 각 문제는 독립적이다).

　가. 乙 은행은 위 지상권 설정 당시에 甲이 X 토지상에 건물 신축허가를 받고 지상 8층 규모의 신축공사를 진행하는 것을 승낙하면서, 향후 위 신축건물이 완공되어 소유권보존등기를 하는 즉시 乙에게 추가로 담보제공하겠다는 취지의 각서를 받았다. 그런데 甲은 위 건물신축공사의 수급인 丙에게 공사대금을 제대로 지급하지 못하게 되자 건축허가명의를 丙에게 변

---

1)　2012년 제1회 변호사시험 제2문의2, 2014년 제2차 법전협 모의시험 제2문 설문7, 2014년 제3회 변호사시험 제1문의 1 설문2, 2015년 제2차 법전협 모의시험 제2문의 1, 2016년 제1차 법전협 모의시험 제2문의1, 2016년 제3차 법전협 모의시험 제2문, 2017년 제6회 변호사시험 제1문의 3, 2018년 제3차 법전협 모의시험 제2문의1.

경하여 주었고, 그 후 丙이 위 신축공사를 시행하여 현재 지상 3층의 골조공사까지 마쳤다. 乙 은행은 위 지상권에 기한 방해배제청구권을 행사하여 丙에게 건물의 축조를 중지하라고 요구하였다. 이에 대하여 법원이 어떤 판단을 내릴 것인지를 근거를 들어 논하라.

　나. (위 가.와는 별개의 사안으로서) 乙 은행은 위와 같이 지상권을 설정한 甲에게 X 토지를 사용·수익할 권리를 배제하지 아니하였다. 甲은 丁과의 사이에 X 토지에 관하여 수목의 소유를 위한 사용대차계약을 체결하였고, 丁은 X 토지 지상에 약 300주의 단풍나무(이하 '이 사건 수목'이라 한다)를 식재하였다.

　그 후 X 토지에 대하여 乙 은행의 신청에 의하여 저당권실행을 위한 부동산경매절차가 개시되었고, 위 경매절차에서 戊가 X 토지를 경락받아 대금의 납부까지 마쳤다. 戊는 X 토지상에 건물을 축조하기 위하여 이 사건 수목을 임의로 수거하여 처분하였다. 이에 丁은 이 사건 수목이 X 토지에 부합하지 아니한 자신의 소유라고 주장하면서, 戊를 상대로 불법행위에 기한 손해배상을 구하였다. 이 사건 수목은 누구의 소유인가? 丁의 주장은 타당한가? 논거를 들어 판단하라.

1-가

I. 담보지상권의 의의

지상권자는 타인의 토지에 건물 기타 공작물이나 수목을 소유하기 위하여 그 토지를 사용하는 권리가 있다(제279조). 지상권설정등기가 경료되면 토지의 사용·수익권은 지상권자에게 있고, 지상권을 설정한 토지소유자는 지상권이 존속하는 한 토지를 사용·수익할 수 없다(대판 2018. 3. 15. 2015다69907*).

그런데 토지에 관하여 저당권을 취득함과 아울러 그 저당권의 담보가치를 확보하기 위하여 취득하는 지상권을 담보지상권이라고 한다. 담보지상권은 특별한 사정이 없는 한, 저당권이 실행될 때까지 제3자가 용익권을 취득하거나 목적 토지의 담보가치를 하락시키는 침해행위를 하는 것을 배제함으로써 저당 부동산의 담보가치를 확보하는 데에 그 목적이 있다. 따라서 제3자가 저당권의 목적인 토지 위에 건물을 신축하는 경우에는, 그 제3자가 지상권자에게 대항할 수 있는 권원을 가지고 있다는 등의 특별한 사정이 없는 한, 지상권자는 그 방해배제청구로서 신축 중인 건물의 철거와 대지의 인도 등을 구할 수 있다(대결 2004. 3. 29.자 2003마1753).

II. 사안에의 적용

사안에서는 위 신축건물이 완공되어 甲이 소유권보존등기를 하는 즉시 乙에게 추가로 담보제공하겠다는 취지의 각서를 乙 은행이 甲으로부터 제출받았다. 이는 지상권자인 乙 은행이 지상권설정자인 甲에게 장차 신축되는 건물에 관하여도 추가로 근저당권을 설정하겠다는 약정을 전제로 하여 위 약정이행에 필요한 범위 내에서 X 토지를 사용하는 것을 용인하였지만, 제3자인 丙이 건축주로서 신축건물의 소유권을 취득하는 것까지를 용인하는 것이 아님을 분명히 한 것이다(대판 2008. 2. 15. 2005다47205).

따라서 乙 은행은 지상권에 기한 방해배제청구권의 행사로서(제 290조, 제214조), 丙에 대하여 지상권의 목적인 토지상에 건물의 축조를 중지하라고 요구할 수 있다.[2]

Ⅲ. 결론

법원은 乙 은행의 요구(신청)를 인용할 것이다.

---

2) 사안에서 건물신축공사는 3층 골조공사까지 완성되었을 뿐, 기둥과 지붕 그리고 주벽이 이루어지지 않았으므로 아직 토지와는 별도의 소유권의 객체가 될 수 있는 독립된 건물이 건립되었다고 볼 수 없는 상태이다(대판 2001. 1. 16. 2000다51872). 그렇다면 乙은 토지소유자인 甲을 상대로 지상권에 가한 방해배제청구로서, 토지상의 지장물인 신축 중인 건물의 철거와 더불어 대지의 인도를 청구할 수 있다. 또한 건물신축공사를 도급받은 수급인이 사회통념상 독립한 건물이 되지 못한 정착물을 토지에 설치한 상태에서 공사가 중단된 경우, 위 정착물 또는 토지에 대하여 유치권을 행사할 수 없으므로(대법원 2008. 5. 30. 자 2007마98*) 수급인 丙은 유치권으로 지상권자인 乙 은행에게 대항할 수 없다(자세한 내용은 문13 유치권 참조).

1-나

I. 민법 제256조 단서의 '권원'에 의한 부속의 의미

민법 제256조는 "부동산의 소유자는 그 부동산에 부합한 물건의 소유권을 취득한다. 그러나 타인의 권원에 의하여 부속된 것은 그러하지 아니하다."라고 규정하고 있다. 위 조항 단서에서 말하는 '권원'이라 함은 지상권, 전세권, 임차권 등과 같이 타인의 부동산에 자기의 동산을 부속시켜서 그 부동산을 이용할 수 있는 권리를 뜻하므로, 그와 같은 권원이 없는 자가 타인의 토지 위에 나무를 심었다면 특별한 사정이 없는 한 토지소유자에 대하여 그 나무의 소유권을 주장할 수 없다(대판 1989. 7. 11. 88다카9067 판결).

II. 사안에의 적용

지상권자는 타인의 토지에 건물 기타 공작물이나 수목을 소유하기 위하여 그 토지를 사용하는 권리가 있으므로(민법 제279조), 지상권설정등기가 경료되면 그 토지의 사용·수익권은 지상권자에게 있고, 지상권을 설정한 토지소유자는 지상권이 존속하는 한 그 토지를 사용·수익할 수 없다(대판 1974. 11. 12. 74다1150 판결 참조). 따라서 지상권을 설정한 토지소유자로부터 그 토지를 이용할 수 있는 권리를 취득하였다고 하더라도 지상권이 존속하는 한 이와 같은 권리는 원칙적으로 민법 제256조 단서가 정한 '권원'에 해당하지 아니한다.

그런데 X 토지상에 乙 은행이 취득한 지상권이 담보지상권인 점은 앞서 본 바와 같다. 통상 담보지상권자는 목적물을 사용·수익할 권리를 소유자에게 남겨두는 경우가 많다. 특히 사안에서는 乙 은행이 위와 같이 지상권을 설정해 주면서 甲에게 X 토지를 사용·수익할 권리를 배제하지 아니하였고, 甲이 타인에게 X 토지의 사용·수익 권한을 부여하는 것을 방지하기 위한 하등의 대책을 마련하지 않았다. 그렇다면 甲뿐만 아니라 甲과 적법한 사용대차계약에 기하여 X 토지를 사용한 丁도 X 토지를 사용·수익할 적법한 권한이 있고,[3] 이러한 사용대차계약은 민법 제256조 단서가 정하는 '권원'에 해당하므로 丁이 X 토지의 사용·수익을 위하여 X 토지에 식재한 이 사건 수목은 X 토지에 부합되지 않은 채 丁이 그대로 소유권을 보유한다 (대판 2018. 3. 15. 2015다69907*).

결국 戊가 丁 소유의 수목을 임의로 수거하여 처분한 것은 수목에 대한 丁의 소유권을 침해한 불법행위이다. 丁의 주장은 타당하다.

2. Y 건물의 소유자인 甲은 건물에 대한 등기를 경료하지 않은 상태에서 그 대지인 그 소유의 X 토지에 대하여 저당권을 설정한 뒤 乙에게 Y 건물만을 양도하였다. Y 건물이 미등기 상태였기 때문에 乙이 Y 건물에 관한 소유권이전등기를 하지 못

---

3)   그러나 丁의 사용대차계약에 기한 위와 같은 권한이 대법원 2004. 3. 29. 자 2003마 1753 결정에서 말하는 '제3자에게 대항할 수 있는 권원'에 해당하는지는 의문이다.

하고 있던 중 X 토지의 저당권이 실행되었고, 丙이 위 경매절차에서 X 토지를 매수하고 그 대금을 완납하였다.

　가. 이 경우 甲은 민법 제366조의 법정지상권을 취득하는가?
　나. 만일 丙이 乙에게 Y 건물의 철거를 청구하는 경우 그 청구는 받아들여질 수 있는가?

2-가

I. 결론

甲은 민법 제366조에 의한 법정지상권을 취득한다.

II. 논거

저당물의 경매로 인하여 토지와 그 지상건물이 다른 소유자에 속한 경우에는 토지소유자는 건물소유자에 대하여 지상권을 설정한 것으로 본다(제366조).

저당권 설정 당시 X 토지와 Y 건물의 소유자는 甲이고, Y 건물이 미등기인 관계로 Y 건물의 양수인 乙이 그 소유권이전등기를 마치지 못하였다면 Y 건물의 소유권은 여전히 양도인 甲에게 남아 있

다. 그 후 X 토지 위에 설정된 저당권이 실행된 결과, 丙이 X 토지의
소유자로 됨으로써 비로소 토지와 건물의 소유자가 달라진 경우에
Y 건물의 소유자 甲은 민법 제366조에 의하여 Y 건물의 소유를 위
하여 X 토지에 법정지상권을 취득한다(대판 1991. 5. 28. 91다6658).

2-나

I. 결론

丙의 청구는 기각될 것이다.

II. 논거

앞서 본 바와 같이 Y 건물의 소유를 위하여 X 토지에 대한 법정
지상권을 가지는 자는 甲이고, 乙은 법정지상권자가 아니다.

그러나 甲이 乙에게 이 사건 건물을 양도한 시점은 甲이 건물의
소유를 위한 법정지상권을 취득하기에 앞선 시점인바, 위와 같은 시
점에서 건물을 양도한 경우에는 특별한 사정이 없는 한 건물과 함께
장차 취득하게 될 법정지상권도 함께 양도하기로 하였다고 볼 것이
다.[4] 그렇다면 乙은 甲을 대위하여 토지소유자인 丙에 대하여는 법
정지상권 설정등기절차의 이행을 구할 수 있고, 甲에 대하여는 법정
지상권설정등기 이전등기절차의 이행을 구할 수 있다.

이와 같이 법정지상권을 취득할 지위에 있는 乙에 대하여 丙이
Y 건물의 철거를 구하는 것은 지상권의 부담을 용인하고 지상권설
정등기절차를 이행할 의무가 있는 자가 그 권리자를 상대로 한 것이
어서 신의성실의 원칙상 허용될 수 없다(대판 1991. 5. 28. 91다6658).[5]

3. 甲은 그 소유의 X 토지 지상에 Y 건물에 대한 신축공사를 시
   행하여 독립된 부동산으로서 건물의 요건을 갖춘 상태에서, A
   로부터 금원을 차용하고 X 토지에 대하여 A 명의의 근저당권
   설정등기를 경료하였다. 그 후 甲의 채권자 C는 X 토지에 대한
   강제경매를 신청하였고, 위 경매절차가 진행되던 중 Y 건물에
   대한 소유권이 B에게 이전되었으며, 위 경매절차에서 乙이 X
   토지를 경락받은 후 매각대금을 완납하였다.
   　　甲은 위 강제경매절차에서 X 토지의 소유권을 취득한 乙에
   대하여 어떤 권리로 대항할 수 있는가?

---

4)   해당 사안과는 달리, 만일 경락 등에 의하여 (관습상) 법정지상권이 성립한 다음
     에, 경락인이 건물을 제3자에게 양도하는 경우에는 민법 제100조 제2항의 유추적용
     에 의하여 건물과 함께 종된 권리인 지상권도 양도한 것으로 본다(대판 1996. 4. 26.
     95다52864).
5)   같은 법리가 관습상 법정지상권의 경우에도 적용된다(대판 1988. 9. 27. 87다카
     279*).

I. 결론

甲은 관습상의 법정지상권으로 대항할 수 있다.

II. 논거

1. 관습상의 법정지상권

토지와 그 지상의 건물이 동일인에게 속하였다가 매매 기타 원인으로 각각 그 소유자를 달리하게 된 경우에, 그 건물을 철거한다는 특약이 없으면 건물소유자로 하여금 토지를 계속 사용하게 하려는 것이 당사자의 의사라고 보아 관습법에 의하여 건물소유자에게 지상권을 인정하는데, 이를 관습상의 법정지상권이라고 한다(대판 2002. 6. 20. 2002다9660 전합*).

2. 강제경매에서 관습상의 법정지상권의 성립여부 판단기준: 압류의 효력 발생시

그런데 강제경매로 토지 또는 그 지상의 건물의 소유권이 경매절차상의 매수인에게 이전되는 경우에 그 매수인이 소유권을 취득하는 매각대금의 완납시가 아니라 강제경매개시결정으로 압류의 효력이 발생하는 때를 기준으로 토지와 지상건물이 동일인에게 속하였는지 여부에 따라 관습상의 법정지상권의 성립여부를 가려야 한다(대판 2012. 10. 18. 2010다52140 전합*).

3. 강제경매를 위한 압류가 있기 전에 저당권이 설정되어 있을 경우: 저당권 설정시

강제경매의 목적이 된 토지 또는 그 지상건물에 관하여 강제경매를 위한 압류가 있기 이전에 저당권이 설정되어 있다가 그 후 강제경매로 인해 그 저당권이 소멸하는 경우에는, 그 저당권 설정 당시를 기준으로 토지와 그 지상건물이 동일인에게 속하였는지 여부에 따라 관습상 법정지상권의 성립여부를 판단하여야 할 것이다(대판 2013. 4. 11. 2009다62059*).

만일 위 저당권 설정 이후의 특정 시점을 기준으로 토지와 그 지상건물이 동일인의 소유에 속하였는지 여부에 따라 관습상의 법정지상권의 성립여부를 판단하게 되면, 저당권자로서는 저당권 설정 당시를 기준으로 그 토지나 지상건물의 담보가치를 평가하였음에도 저당권 설정 이후에 그 토지나 그 지상건물의 소유자가 변경되었다는 외부의 우연한 사정으로 인하여 자신이 당초에 파악하고 있던 것보다 부당하게 높아지거나 떨어진 가치를 가진 담보를 취득하게 되는 예상하지 못한 이익을 얻거나 손해를 입게 되기 때문이다.

4. 사안에의 적용

사안에서, X 토지에 대한 강제경매개시결정 이전에 A 명의로 근저당권이 설정되어 있었고, 위 근저당권이 설정될 당시에 이 사건 건물이 독립된 부동산으로서 건물의 요건을 갖추었으며 그 소유권은 원시적으로 甲에게 귀속되어 X 토지와 그 지상건물의 소유자가 동일하였다.[6]

따라서 甲은 위 판례 이론에 따라 이 사건 건물의 소유를 위한 관습상의 법정지상권을 취득한다.

[참고] 저당권 실행을 위한 경매와 강제경매

저당권자는 그 채권의 변제를 받기 위하여 저당물의 경매를 청구할 수 있다(제363조). 경매의 절차 등에 대해서는 민사집행법에서 정하고 있다(민사집행법 제3편 담보권 실행 등을 위한 경매, 이를 과거에는 임의경매라고 칭하였다). 이에 대해 경매절차의 개시결정에 대한 이의신청사유로 담보권이 없다는 것 또는 소멸되었다는 것을 주장할 수 있는 등 일부 다른 점을 제외하고(동법 제265조 등) 대부분 후술할 강제경매 절차를 준용하도록 규정하고 있다(동법 제268조).

부동산에 대한 강제집행은 채권자의 신청에 따라 법원이 한다(동법 제78조). 이 중 경매절차를 개시하는 결정에는 동시에 그 부동산의 압류를 명하여야 한다(동법 제83조 제1항). 법원이 경매개시결정

---

6)   참고로, 강제경매의 목적이 된 토지 또는 그 지상건물에 대하여 강제경매개시결정으로 인하여 본압류로 이행되어 경매절차가 진행된 경우에는 애초 가압류의 효력이 발생한 때를 기준으로 토지와 그 지상 건물이 동일인에게 속하였는지 여부에 따라 관습상 법정지상권의 성립여부를 판단하여야 한다(위 2010다52140 전합*).

을 하면 법원사무관등은 즉시 그 사유를 등기부에 기입하도록 등기
관(登記官)에게 촉탁하여야 한다(동법 제94조). 압류는 채무자에게 그
결정이 송달된 때 또는 제94조의 규정에 따른 등기가 된 때에 효력
이 생긴다(동법 제83조 제3항). 결과적으로 강제경매의 개시가 결정되
면 즉시 그 사유를 등기부에 기입하도록 촉탁하게 되고, 그 등기가
이루어지면 압류의 효력이 생긴다.

4. 甲은 자신의 소유인 X 토지 지상에 Y 건물을 신축하였으나
아직 자신의 명의로 등기를 마치지 않은 채 사용하고 있었다.
甲은 2015. 9. 21. X 토지와 신축한 Y 건물을 乙에게 매도하고
인도까지 하였으나, Y 건물은 아직 소유권보존등기를 하지 못
하여 X 토지에 대해서만 소유권이전등기를 마쳐주었다. 乙은
2017. 9. 21. 丙 은행으로부터 1억 원을 차용하면서 X 토지에
대하여 근저당권자 丙 은행, 채권최고액 1억 2,000만 원의 근
저당권을 설정하였고, 이후 乙은 2017. 9. 24. 자신의 명의로 Y
건물에 대한 소유권보존등기를 마쳤다. 그 후 乙이 피담보채무
를 변제하지 않자 丙 은행의 적법한 경매신청에 의하여 X 토지
에 대하여 개시된 경매절차에서 丁이 2019. 7. 26. 매각대금을
완납하고 그 소유권을 취득하였다.
　　丁은 乙을 상대로 Y 건물의 철거 및 X 토지의 인도를 구하
는 소를 제기하였다. 乙은 민법 제366조 또는 관습법에 의한
법정지상권에 기하여 丁의 청구에 응할 수 없다고 항변한다. 乙

의 항변에 비추어 丁의 청구의 인용여부를 판단하라.

I. 제366조 법정지상권의 성립 여부

민법 제366조의 법정지상권은 저당권 설정 당시에 동일인의 소유에 속하는 토지와 건물이 저당권의 실행에 의한 경매로 인하여 각기 다른 사람의 소유에 속하게 된 경우에 건물의 소유를 위하여 인정되는 것이다(대판 1987. 12. 8. 87다카869).

그런데 사안에서는 乙이 미등기의 Y 건물을 그 대지인 X 토지와 함께 매수하였으나, X 토지에 관하여만 소유권이전등기를 넘겨받고 Y 건물에 대하여는 그 등기를 이전받지 못하였으므로 Y 건물의 소유권은 여전히 甲에게 있다. 이후 X 토지에 대하여 丙 은행이 저당권을 설정하고 그 저당권의 실행으로 X 토지가 경매되어 丁의 소유로 되었다.

그렇다면 X 토지에 대한 저당권의 설정 당시에 X 토지는 乙 소유, Y 건물은 甲의 소유로서 동일인의 소유에 속하지 않았으므로 법정지상권이 성립될 여지가 없다. 저당권 설정 후 경매 전에 동일인의 소유에 속하게 되었다고 하더라도 결론에는 영향이 없다(위 2009다62059*).

Ⅱ. 관습상 법정지상권의 취득 여부

관습상의 법정지상권은 동일인의 소유이던 토지와 그 지상건물이 매매 기타 원인으로 인하여 각각 소유자를 달리하게 되었으나 그 건물을 철거한다는 등의 특약이 없으면 건물 소유자로 하여금 토지를 계속 사용하게 하려는 것이 당사자의 의사라고 보아 인정되는 것이다. 따라서 토지의 점유·사용에 관하여 당사자 사이에 약정이 있는 것으로 볼 수 있거나 토지 소유자가 건물의 처분권까지 함께 취득한 경우에는 관습상의 법정지상권을 인정할 까닭이 없다.

사안에서는 미등기의 Y 건물을 그 대지인 X 토지와 함께 甲이 乙에게 매도한 경우로서, 매수인 乙에게 X 토지에 관하여만 소유권이전등기가 경료되고 Y 건물에 관하여는 등기가 경료되지 아니하여 형식적으로는 대지와 건물이 그 소유 명의자를 달리하게 되었다. 그렇지만 이 경우는 토지의 점유·사용에 관하여 당사자 사이에 약정이 있는 것으로 볼 수 있거나 토지 소유자가 건물의 처분권까지 함께 취득한 경우에 해당한다. 따라서 매도인에게 관습상의 법정지상권을 인정할 이유가 없다(대판 1998. 4. 24. 98다4798*, 위 2002다9660 전합*).

Ⅲ. 결론

민법 제366조의 법정지상권 또는 관습상 법정지상권이 성립하지 않으므로 乙의 항변은 이유 없고, 丁의 청구가 인용된다.

5. 甲은 그 소유의 X 토지상에 3층 규모의 Y 건물을 신축함에 있어서 乙, 丙으로부터 자금을 차용하면서 신축건물 Y를 乙과 각 1/2 지분씩 공유하기로 합의하고, 그에 따라 甲과 乙이 공동건축주로서 공사를 시작하였다.

Y 건물의 규모와 종류를 외형상 짐작할 수 있을 정도로 공사가 진행된 시점에 甲은 B로부터 금원을 차용하면서 B에게 X 토지에 관하여 근저당권을 설정하여 주었는데 위 근저당권이 실행되어 丁이 위 X 토지를 경락받고 대금을 완납하였다. 丁의 대금완납 시에 Y 건물이 완공되지는 않았으나 3층 건물공사 대부분이 마무리되고 내장공사만 남아 있었다.

이 경우 甲 또는 乙은 Y 건물을 위한 민법 제366조의 법정지상권을 취득하는가?

I. 결론

甲, 乙 모두 법정지상권을 취득한다.

II. 논거

민법 제366조의 법정지상권은 저당권설정 당시부터 저당권의 목적되는 토지 위에 건물이 존재할 경우에 한하여 인정되며, 건물 없는 토지에 대하여 저당권이 설정된 후 저당권설정자가 그 위에 건물을 건축하였다가 임의경매절차에서 경매로 인하여 대지와 그 지상 건물이 소유자를 달리 하였을 경우에는 위 법조 소정의 법정지상권이 인정되지 아니할 뿐만 아니라 관습상의 법정지상권도 인정되지 않는다(위 87다카869).

다만, 토지에 관하여 저당권이 설정될 당시 토지 소유자에 의하여 그 지상에 건물을 건축 중이었던 경우 그것이 사회관념상 독립된 건물로 볼 수 있는 정도에 이르지 않았다 하더라도 건물의 규모·종류가 외형상 예상할 수 있는 정도까지 건축이 진전되어 있었고, 그 후 경매절차에서 매수인이 매각대금을 다 낸 때까지 최소한의 기둥과 지붕 그리고 주벽이 이루어지는 등 독립된 부동산으로서 건물의 요건을 갖추면 법정지상권이 성립하며, 그 건물이 미등기라 하더라도 법정지상권의 성립에는 아무런 지장이 없다(대판 2004. 6. 11. 2004다13533).

또한 사안과 같이 건물공유자의 1인이 그 건물의 부지인 토지를 단독으로 소유하면서 그 토지에 관하여만 저당권을 설정하였다가 위 저당권에 의한 경매로 인하여 토지의 소유자가 달라진 경우에, 이 경우에도 위 토지 소유자는 자기뿐만 아니라 다른 건물공유자들을 위하여도 위 토지의 이용을 인정하고 있었다고 할 것인 점, 저당권자로서도 저당권 설정 당시 법정지상권의 부담을 예상할 수 있었으므로 불측의 손해를 입는 것이 아닌 점, 건물의 철거로 인한 사회경제적 손실을 방지할 공익상의 필요성도 인정되는 점 등에 비추어 위 건물공유자들은 민법 제366조에 의하여 토지 전부에 관하여 건물의 존속을 위한 법정지상권을 취득한다고 보아야 한다(대판 2011.

1. 13. 2010다67159).[7]

---

7) 참고로, 토지공유자의 한 사람이 다른 공유자의 지분 과반수의 동의를 얻어 건물을 건축한 후 토지와 건물의 소유자가 달라진 경우에는 토지에 관하여 관습법상의 법정지상권이 성립되지 않는다. 이 경우에도 성립되는 것으로 보게 되면 이는 토지공유자의 1인으로 하여금 자신의 지분을 제외한 다른 공유자의 지분에 대하여서까지 지상권설정의 처분행위를 허용하는 셈이 되어 부당하기 때문이다(대판 1993. 4. 13. 92다55756*). 또한 구분소유적 공유관계에 있는 토지의 공유자들이 그 토지 위에 각자 독자적으로 별개의 건물을 소유하면서 그 토지 전체에 대하여 저당권을 설정하였다가 그 저당권의 실행으로 토지와 건물의 소유자가 달라지게 된 경우, 건물소유를 위한 법정지상권이 성립한다(대판 2004. 6. 11. 2004다13533).

[본문 중의 표준판례]

대법원 2004. 3. 29. 자 2003마1753 결정 – 270.
: 토지에 관하여 저당권과 함께 지상권을 취득하는 경우, 당해 지상권의
효용 및 방해배제청구권의 내용 등

대법원 2018. 3. 15. 선고 2015다69907 판결 – 271.
: 금융기관이 대출금 채권의 담보를 위하여 토지에 저당권과 함께 지료
없는 지상권을 설정하면서 채무자 등의 사용·수익권을 배제하지 않은
경우, 토지소유자가 토지를 사용·수익할 수 있는지 여부(원칙적 적극) 및
이때 토지소유자로부터 토지를 사용·수익할 수 있는 권리를 취득한 경
우, 이러한 권리가 민법 제256조 단서가 정한 '권원'에 해당하는지 여부
(적극)

대법원 2002. 6. 20. 선고 2002다9660 전원합의체 판결 – 274.
: 미등기건물을 대지와 함께 매도하였으나 대지에 관하여만 매수인 앞으
로 소유권이전등기가 경료된 경우, 관습상의 법정지상권이 성립하는지
여부(소극)

대법원 2012. 10. 18. 선고 2010다52140 전원합의체 판결 – 275.
: 동일인의 소유에 속하고 있던 토지와 그 지상 건물이 강제경매 등으로
소유자가 다르게 된 경우, 건물 소유를 위한 관습상 법정지상권이 성립
하기 위하여 토지와 그 지상 건물이 원시적으로 동일인 소유에 속하였

을 것이 요구되는지 여부(소극)/ 강제경매의 목적이 된 토지 또는 그 지상
건물의 소유권이 강제경매로 인하여 그 절차상 매수인에게 이전된 경우,
건물 소유를 위한 관습상 법정지상권의 성립 요건인 '토지와 그 지상 건
물이 동일인 소유에 속하였는지'를 판단하는 기준 시기(=압류 또는 가압류
의 효력 발생 시)

대법원 1998. 4. 24. 선고 98다4798 판결 – 278.
: 대지와 건물이 한 사람에게 매도되었으나 대지에 관하여서만 소유권이
전등기가 경료된 경우, 매매 당사자 사이의 관습법상의 법정지상권 인정
여부(소극)

대법원 1988. 9. 27. 선고 87다카279 판결 – 279.
: 관습상의 법정지상권의 성립에 있어 건물을 철거하기로 하는 합의가
있었다는 등 특별한 사정의 주장 입증책임/ 관습상의 법정지상권자가 등
기 없이 목적토지의 소유자나 전득자에게 그 지상권을 주장할 수 있는지
여부/ 법정지상권이 있는 건물을 양수한 자의 토지소유자에 대한 법정지
상권 설정등기절차 이행청구권의 유무/ 법정지상권을 가진 건물소유자
로부터 건물을 양수하면서 그 지상권까지 양도받기로 한 자에 대한 대지
소유자의 건물철거청구와 신의칙

대법원 2013. 4. 11. 선고 2009다62059 판결 – 280.
: 강제경매의 목적이 된 토지 또는 그 지상 건물에 관하여 강제경매를 위
한 압류나 그 압류에 선행한 가압류가 있기 이전에 저당권이 설정되어

있다가 강제경매로 저당권이 소멸한 경우, 건물 소유를 위한 관습상 법정지상권의 성립 요건인 '토지와 그 지상 건물이 동일인 소유에 속하였는지'를 판단하는 기준 시기(=저당권 설정 당시)

대법원 2008. 5. 30. 자 2007마98 결정 - 309.
: 건물신축공사를 도급받은 수급인이 사회통념상 독립한 건물이 되지 못한 정착물을 토지에 설치한 상태에서 공사가 중단된 경우, 위 정착물 또는 토지에 대하여 유치권을 행사할 수 있는지 여부(소극)

[관련 표준판례]

대법원 2006. 6. 15. 선고 2006다6126, 6133 판결 - 266.
: 지상권자와 그 지상물의 소유권자가 반드시 일치하여야 하는지 여부(소극)

대법원 1993. 6. 29. 선고 93다10781 판결 - 267.
: 토지소유자가 지상권자의 지료연체를 이유로 지상권소멸청구를 하여 지상권이 소멸된 경우 지상물매수청구권의 인정 가부(소극)

대법원 2001. 3. 13. 선고 99다17142 판결 - 268.
: 법정지상권에 관한 지료가 결정되지 않은 경우, 지료 지급이 2년 이상 연체되었다는 이유로 지상권소멸청구를 할 수 있는지 여부(소극) 및 지료에 관한 당사자 사이의 약정 혹은 법원의 결정이 제3자에게도 효력이 미

치기 위한 요건/ 토지의 양수인이 지상권자의 지료 지급이 2년 이상 연체되었음을 이유로 지상권소멸청구를 함에 있어서 종전 소유자에 대한 연체기간의 합산을 주장할 수 있는지 여부(소극)

대법원 1993. 3. 12. 선고 92다44749 판결 - 269.
: 법정지상권의 지료액수가 판결에 의하여 정하여졌지만 지체된 지료가 판결확정 전후에 걸쳐 2년분 이상일 경우 토지소유자의 지상권소멸청구의 가부(적극)

대법원 2011. 4. 14. 선고 2011다6342 판결 - 272.
: 근저당권 등 담보권 설정의 당사자들이 그 목적 토지 위에 차후 용익권 설정 등으로 담보가치가 저감하는 것을 막기 위해 채권자 앞으로 지상권을 설정한 경우, 피담보채권이 변제나 시효로 소멸하면 그 지상권도 부종하여 소멸하는지 여부(적극)

대법원 2008. 1. 17. 선고 2006다586 판결 - 273.
: 금융기관이 대출금 채권의 담보를 위하여 토지에 저당권과 함께 지료 없는 지상권을 설정하면서 채무자 등의 사용·수익권을 배제하지 않은 경우, 그 위에 도로개설·옹벽축조 등의 행위를 한 무단점유자에 대하여 지상권 자체의 침해를 이유로 한 임료 상당 손해배상을 구할 수 있는지 여부(소극)

대법원 1995. 4. 11. 선고 94다39925 판결 - 276.

: 관습상 법정지상권이 붙은 건물의 양수인이 건물의 소유권을 취득한
사실만으로 법정지상권을 취득하는지 여부(소극)/ 관습상 법정지상권이
붙은 건물을 양수한 자가 건물의 전소유자를 대위하여 지상권갱신청구
권을 행사할 수 있는지 여부(적극)

대법원 2014. 12. 24. 선고 2012다73158 판결 - 277.
: 법정지상권을 취득한 사람으로부터 경매에 의하여 건물 소유권을 이전
받은 매수인은 그 지상권을 당연취득하는지 여부(원칙적 적극) 및 이는 사
해행위의 수익자 또는 전득자가 건물의 소유자로서 법정지상권을 취득
한 후 채권자취소권 행사에 따라 수익자와 전득자 명의의 소유권이전등
기가 말소된 다음 경매절차에서 건물이 매각되는 경우에도 마찬가지로
적용되는지 여부(적극)

대법원 1999. 3. 26. 선고 98다64189 판결 - 281.
: 원래 동일인에게의 소유권 귀속이 원인무효로 이루어졌다가 그 원인이
무효임이 밝혀져 그 등기가 말소됨으로써 건물과 토지의 소유자가 달라
지게 된 경우, 관습상의 법정지상권의 성립 여부(소극)

대법원 1994. 4. 12. 선고 93다56053 판결 - 282.
: 토지를 매수하여 사실상 처분권한을 가지는 자가 그 지상에 건물을 신
축한 후 그 건물이 강제경매된 경우 관습상의 법정지상권의 성립 여부(소
극)

대법원 1994. 11. 22. 선고 94다5458 판결 - 283.
: 대지상에 담보가등기가 경료되고 나서 대지소유자가 그 지상에 건물을 신축한 후 본등기가 경료되어 대지와 건물의 소유자가 달라진 경우, 건물을 위한 관습상 법정지상권이 성립하는지 여부(소극)

대법원 1993. 4. 13. 선고 92다55756 판결 - 284.
: 토지공유자의 한 사람이 다른 공유자의 지분 과반수의 동의를 얻어 건물을 건축한 후 토지와 건물의 소유자가 달라진 경우 관습법상의 법정지상권의 성부(소극)

대법원 1987. 6. 23. 선고 86다카2188 판결 - 285.
: 공유토지 위에 건물을 소유하고 있는 토지공유자 중 1인이 그 토지지분만을 전매한 경우 관습상의 법정지상권이 성립하는지 여부(소극)

대법원 1994. 1. 28. 선고 93다49871 판결 - 286.
: 구분소유적 공유관계에 있는 토지소유자가 자신의 특정 소유가 아닌 부분에 건물을 신축한 경우 관습상 법정지상권의 성립 여부(소극)

대법원 1996. 6. 14. 선고 96다14036 판결 - 287.
: 관습상 분묘기지권의 시효취득 요건 및 등기의 요부(소극)

대법원 2013. 1. 16. 선고 2011다38592, 38608 판결 - 288.
: 분묘기지권의 존속기간 및 분묘기지권에 기존 분묘 외에 새로운 분묘

를 신설할 권능이 포함되는지 여부(소극)

대법원 2017. 1. 19. 선고 2013다17292 전원합의체 판결 – 289.

: 타인 소유의 토지에 분묘를 설치한 경우에 20년간 평온, 공연하게 분묘의 기지를 점유하면 지상권과 유사한 관습상의 물권인 분묘기지권을 시효로 취득한다는 법적 규범이 2000. 1. 12. 법률 제6158호로 전부 개정된 '장사 등에 관한 법률'의 시행일인 2001. 1. 13. 이전에 설치된 분묘에 관하여 현재까지 유지되고 있는지 여부(적극)

제12문

전세권[1], 지역권

1. X 토지 위에 Y 건물을 지어 소유하던 甲은 2015. 10. 1. 乙과 Y 건물에 관하여 전세금 1억 원, 기간 5년으로 하는 전세권설정계약을 체결한 후, 乙에게 전세권설정등기를 마쳐주었다 (이하 각 문항은 독립적이다).

　가. 乙이 위 전세권에 기하여 Y 건물을 사용, 수익하는 동안 Y 건물의 천장에 누수현상이 발생하자 2016. 8. 20. 그 보수공사 비용으로 500만 원을 지출하였고, 같은 해 9. 20. 1,000만 원의 비용을 들여 Y 건물의 마루를 원목으로 교체하는 공사를 하였는데, 그로 인한 Y 건물의 가치증가 현존액은 700만 원이다. 누수 보수공사비용 및 마루교체비용과 관련하여 위 전세기간이

---

1)   2013년 제55회 사법시험 제3문, 2018년 제3차 법전협 모의시험 제2문의 1.

만료되었을 때 乙은 甲에 대하여 상환을 청구할 수 있는가?

나. 甲은 사업자금 마련을 위하여 2016. 11. 1. Y 건물을 담보로 丙은행으로부터 2억 원을 대출받으면서 채권최고액 2억 4,000만 원으로 하는 근저당권을 설정하여 주었다. 그 후 甲은 사업이 여의치 않자 2017. 9. 1. 丁으로부터 다시 사업자금으로 1억 원을 차용하였으나, 결국 丙은행 및 丁에 대한 차용금을 변제하지 못하였다. 이에 丁이 甲을 상대로 차용금 1억 원의 지급을 명하는 확정판결을 받아, Y 건물에 대한 강제경매를 신청하였고, 그 경매절차에서 戊가 2019. 10. 20. Y 건물을 매각받아 소유권이전등기를 마쳤다.

경매절차에서 Y 건물을 매수한 戊가 乙을 상대로 Y 건물의 인도를 구하는 경우, 乙은 戊에 대하여 전세권을 주장할 수 있는지를 근거를 들어 논하라.

1-가

I. 결론

乙은 누수공사비용 500만 원을 청구할 수는 없으나, 마루교체와 관련하여서는 비용 1천만 원과 그로 인한 가치증가액 7백만 원 중 甲의 선택에 따라 지급을 구할 수 있다.

Ⅱ. 논거

전세권자는 전세목적물에 대한 유지, 수선의무를 부담한다(제309조). 따라서 이를 위하여 필요비를 지출한 경우에도 그 비용에 대한 상환청구권이 인정되지 않는다.[2] 반면, 전세목적물을 개량하기 위하여 지출한 유익비에 대해서는 그 가액의 증가가 현존한 경우에 한하여 소유자의 선택에 좇아 그 지출액이나 증가액의 상환을 청구할 수 있다(제310조 제1항).

사안에서 누수공사비용은 필요비에, 마루교체와 관련한 비용은 유익비에 해당한다.

따라서 전자에 대해서는 상환을 청구할 수 없으나, 후자에 대해서는 제310조 제1항이 정한 바에 따라 상환을 청구할 수 있다.

1-나

Ⅰ. 쟁점

사안에서 Y 건물의 전세권자 乙이 신 소유자 戊에 대하여 전세

---

2) 한편, 임대인은 목적물을 임차인에게 인도하고 계약존속중 그 사용, 수익에 필요한 상태를 유지하게 할 의무를 부담한다(제623조). 따라서 임차인이 임차물의 보존에 관한 필요비를 지출한 때에는 임대인에 대하여 그 상환을 청구할 수 있다(제626조 제1항).

권을 주장할 수 있다고 하려면, 종전에 甲과 乙 사이에 존재하였던 전세권 관계가 Y 건물의 신 소유자인 戊와의 사이에 승계되어야 할 것이다. 그 승계여부에 대하여 본다.

II. 전세권 관계의 승계 여부

사안에서 乙의 전세권은 최선순위 저당권자인 丙보다 선순위이 므로 강제경매로 소멸하지 않는다(민사집행법 제91조 제3항, 제4항).

이 경우 전세권 관계의 승계에 관하여 민법에 명시적인 규정은 없다. 그러나 전세목적물의 소유권이 이전된 경우 민법이 전세권 관계로부터 생기는 상환청구, 소멸청구, 갱신청구, 전세금증감청구, 원상회복, 매수청구 등의 법률관계의 당사자로 규정하고 있는 전세권설정자 또는 소유자는 모두 목적물의 소유권을 취득한 신 소유자로 새길 수밖에 없다. 따라서 전세권은 전세권자와 목적물의 소유권을 취득한 신소유자 사이에서 계속 동일한 내용으로 존속하게 된다고 보아야 할 것이다(대판 2000. 6. 9. 99다15122*).

따라서 전세권 존속기간 만료 전에 소유권을 취득한 戊는 전세설정자의 지위를 취득한다고 할 것이다.

III. 결론

乙은 전세설정자의 지위를 승계한 戊에 대하여 전세권을 주장하여 Y 건물의 인도를 거절할 수 있다.

[본문 중의 표준판례]

대법원 2000. 6. 9. 선고 99다15122 판결 - 298.
: 전세권이 성립한 후 목적물의 소유권이 이전되는 경우, 전세권자와 구 소유자 간의 전세권 관계가 신 소유자에게 이전되는지 여부(적극) 및 전 세금반환의무도 신 소유자에게 이전되는지 여부(적극)

[관련 표준판례]

대법원 1991. 10. 22. 선고 90다16283 판결 - 290.
: 통행지역권의 시효취득 요건

대법원 2015. 3. 20. 선고 2012다17479 판결 - 291.
: 점유가 순차 승계된 경우 취득시효의 완성을 주장하는 자가 자기의 점 유만을 주장하거나 자기의 점유와 전 점유자의 점유를 아울러 주장할 수 있는 선택권이 있다는 법리가 통행지역권의 취득시효에 관하여도 마찬 가지로 적용되는지 여부(적극)

대법원 1976. 10. 29. 선고 76다1694 판결 - 292.
: 토지의 불법점유자가 토지소유권의 상린관계로서 위 요지 통행권의 주 장이나 통행지역권의 시효취득 주장을 할 수 있는지 여부(소극)

대법원 1995. 2. 10. 선고 94다18508 판결 - 293.

: 채권담보의 목적으로 설정된 전세권의 효력

대법원 2010. 8. 19. 선고 2010다43801 판결 - 294.
: 전세권설정자가 건물의 존립을 위한 토지사용권을 가지지 못하여 토지
소유자의 건물철거 등 청구에 대항할 수 없는 경우, 민법 제304조 등을
들어 전세권자 또는 대항력 있는 임차인이 토지소유자의 권리행사에 대
항할 수 있는지 여부(소극)

대법원 2002. 8. 23. 선고 2001다69122 판결 - 296.
: 전세권이 존속하는 동안에 전세권을 존속시키기로 하면서 전세금반환
채권만을 전세권과 분리하여 확정적으로 양도할 수 있는지 여부(소극)

대법원 2002. 2. 5. 선고 2001다62091 판결 - 301.
: 전세권자로부터 전세권 목적물을 인도받은 전세권설정자가 전세권자
에 대하여 전세권설정등기의 말소와 동시이행을 주장하면서 전세금의
반환을 거부하는 경우, 전세권설정자에게 전세금에 대한 이자 상당액의
부당이득 반환의무가 있는지 여부(소극)

대법원 2005. 3. 25. 선고 2003다35659 판결 - 295.
: 전세권설정등기를 마친 민법상의 전세권을 존속기간 만료 후에 양도할
수 있는지 여부(적극) 및 그 대항요건/ 전세기간 만료 이후 전세권양도계
약 및 전세권이전의 부기등기가 이루어진 것만으로는 전세금반환채권의
양도에 관하여 확정일자 있는 통지나 승낙이 있었다고 볼 수 없어 이로

써 제3자인 전세금반환채권의 압류·전부 채권자에게 대항할 수 없다고
한 사례

대법원 2001. 7. 2. 자 2001마212 결정 — 303.
: 건물의 일부에 대하여 전세권이 설정되어 있는 경우, 전세권자가 전세
권의 목적물이 아닌 나머지 건물부분에 대하여 경매신청을 할 수 있는지
여부(소극)

제13문

유치권[1]

1. 甲은 2017. 10. 1. 乙로부터 1억 원을 차용하고 이를 담보하기 위하여 甲 소유의 Y 건물에 대하여 乙에게 근저당권을 설정하였다.

그리고 甲은 2017. 11. 1. 丙과 Y 건물(사무용 건물로서 상가건물임대차보호법의 적용 대상이 아님)을 목적으로 기간을 3년으로 하는 임대차계약을 체결하였으나 위 임대차계약에 대하여 등기를 하지는 않았다. 丙은 Y 건물을 인도받은 후, Y 건물의 지붕에서 비가 새는 것을 발견한 丙은 2018. 5. 1. Y 건물의 수리에 1,000만 원을 지출하였고, 임대차관계가 종료하는 때에 甲이 그 비용을 상환하기로 약정하였다.

---

[1]   2010년도 52회 사법시험 2차 시험 민법 3문, 2014년 제1차 법전협 모의시험 제1문 설문7, 2015년 제1차 법전협 모의시험 제1문의1 설문1, 2016년 제3차 법전협 모의시험 제2문의1, 2018년 제7회 변호사시험 제1문의 3, 2018년 제3차 법전협 모의시험 제2문의1 설문3.

그 후 甲은 2019. 7. 1. 丁에게 Y 건물을 매각하고 같은 날 소유권이전등기를 해 주었는데, 당시 丙의 임차권과 丙이 지출한 비용 문제는 전혀 논의되지 않았다. 한편, 丙은 2019. 7. 15. 丁의 소유권 취득사실을 알지 못한 채 1,500만 원을 들여 Y 건물의 보일러를 최신형으로 교체하였다.

丁은 2019. 8. 1. 丙에게 Y 건물의 인도 및 2019. 7. 1.부터 인도완료시까지 월 임료 상당의 부당이득반환을 구하는 소를 제기하였다. Y 건물의 보일러 교체로 인한 가액의 증가는 1,500만 원이 현존한다. 이에 대하여 丙은 자신이 지출한 비용 2,500만 원을 지급받기까지는 위 인도청구에 응할 수 없다며 유치권을 주장함과 동시에 금원청구에 대하여는 상계를 주장한다.

丁의 청구의 당부 및 丙의 상계항변의 당부를 각 논하라.

I. 문제의 소재

丁의 소유권에 기한 인도청구권이 성립한다고 할 때, 우선, 지붕 수리비와 보일러 교체 비용으로 합계 2,500만 원을 지출한 丙이 제213조 단서상의 점유할 권리로서 유치권을 주장할 수 있는지가 문제된다.

다음으로, 부당이득반환청구 부분과 관련하여서는 첫째로, 丙에게 선의점유자의 과실수취권이 인정되어 소제기 이전까지의 부당이득은 성립하지 않는지 여부, 둘째로, 장래이행의 소의 적법요건과 관련하여 소제기 이후부터 어느 시점까지 부당이득반환을 청구할 수 있는지 여부가 문제된다.

마지막으로 丙이 수리비 및 보일러 교체비용으로 Y 건물에 지출한 위 2,500만 원 채권을 자동채권으로 丁의 丙에 대한 부당이득반환청구권과 상계할 수 있는지 여부가 문제된다.

II. 丁의 丙에 대한 Y 건물의 인도청구의 당부

1. 소유권에 기한 부동산인도청구의 요건

제213조의 소유권에 기한 부동산인도청구의 요건사실은 원고의 목적물 소유, 피고의 목적물 점유이다. 동조 단서상의 점유할 권리는 피고의 항변사유에 해당한다.

사안에서 丁은 Y 건물의 소유자이고, 현재 Y 건물을 丙이 점유하고 있으므로, 소유권에 기한 부동산인도청구의 요건을 모두 충족한다. 따라서 丙의 항변사유로서 Y 건물을 점유할 권리가 인정되는지 검토한다.

2. 丙에게 제213조 단서의 점유할 권리가 있는지 여부

가. 유치권의 성립요건

소유권에 기한 반환청구에 대하여, 유치권은 제213조 단서의 점유할 권리에 포함된다(대판 2014. 12. 24. 2011다62618).

유치권은 "피담보채권이 변제기에 있을 것, 타인의 물건을 점유하고 있을 것, 피담보채권과 물건 간에 견련관계가 있을 것, 점유가 불법행위로 인한 것이 아닐 것"을 성립요건으로 한다(제320조).

나. 임차인의 필요비와 유익비 상환청구권을 기초로 한 유치권 주장의 가부

(1) 피담보채권의 존재

지붕수리비용은 임차인이 임차물의 보존을 위하여 지출한 비용으로서 필요비에 해당함은 별다른 의문이 없다. 보일러교체비용이 유익비상환청구권의 대상인지 부속물매수청구권[2]의 대상인지는 논란의 여지가 있으나, 임차인이 임차물의 객관적 가치를 증가시키기 위하여 투입한 비용인데, 일단 보일러를 설치하고 나면 분리반출이 어려우므로 건물의 구성부분이 되는바, 이는 유익비상환청구권의 대상이 된다(대판 1980. 10. 14. 80다1851, 1852)고 할 것이다.

丙은 위와 같이 필요비와 유익비로 합계 2,500만 원을 지출하였

---

2) 제646조가 규정하는 매수청구의 대상이 되는 부속물이란 건물에 부속된 물건으로서 임차인의 소유에 속하고, 건물의 구성부분으로는 되지 아니한 것으로서 건물의 사용에 객관적인 편익을 가져오게 하는 물건이라고 할 것이므로, 부속된 물건이 오로지 임차인의 특수목적에 사용하기 위하여 부속된 것일 때에는 이에 해당하지 않으며, 당해 건물의 객관적인 사용목적은 그 건물 자체의 구조와 임대차계약 당시 당사자 사이에 합의된 사용목적, 기타 건물의 위치, 주위환경 등 제반 사정을 참작하여 정하여지는 것이다(대판 1993. 10. 8. 93다25738).

고 위 유익비 지출에 관하여는 그 가액증가가 현존하므로, 제626조
에 기하여 임대인에 대한 비용상환청구권이 있다(다만, 丙이 1,500만
원의 비용을 들여 보일러를 교체한 시기는 丁에게 소유권이 이전된 후이고 丙
은 甲과의 임대차로 丁에게 대항할 수 없으므로, 위 유익비상환청구권에 대해
서는 제203조가 적용된다고 볼 여지도 있다).[3]

(2) 피담보채권(필요비 및 유익비상환청구권)이 변제기에 있는지
여부

제626조는 임차인의 임대인에 대한 비용상환청구권에 관하여
규정하고 있는데, 원칙적으로 필요비는 지출 시에, 유익비는 임대차
계약의 종료 시에 발생하는 것으로 해석한다. 다만, 사안에서는 필요
비의 지출과 관련하여 甲과 丙이 임대차관계가 종료하는 때에 甲이
그 비용을 상환하기로 약정하였으므로 필요비와 유익비 모두 임대
차관계의 종료시점이 변제기가 된다.

임대차계약의 종료시점과 관련하여, 타인 소유물의 임대도 가능
하므로 소유권의 변동이 있다는 것만으로는 임대차계약이 종료하는
것은 아니지만, 정당한 소유자가 인도 및 부당이득반환청구를 하였
다면 그 시점에서 임대인이 임차인을 위하여 목적물의 사용수익에
적당한 상태를 유지하여야 할 의무는 이행불능이 되고 그 이행불능

---

3) 丙의 비용상환청구권이 제626조의 임대차계약에 기한 권리인지, 점유자와 회복자 간
의 민법 제203조가 적용되는 것인지에 관하여는 뒤의 '丙의 상계항변의 당부' 부분을
참조.

을 원인으로 위 임대차계약은 종료된다고 본다(대판 1996. 9. 6. 94다 54641).[4]

사안에서 필요비 및 유익비 지출에 따른 비용상환청구권의 변제 기는 모두 丁의 소제기시점(임대차종료시)이므로 비용상환청구권의 변제기가 도래하였다.[5]

(3) 사안에의 적용

위에서 본 바와 같이 변제기가 도래한 丙의 필요비 및 유익비상 환청구권이 존재하고, 丙이 현재 Y 건물을 점유하고 있으며, 위 비용

---

4)   이른바 수험서의 모범답안 중에는 위 94다54641 판결을 들어서, 임차인이 진실한 소 유자로부터 목적물의 반환청구나 임료 내지 그 해당액의 지급을 요구받는 시점에서 임대인이 임차인으로 하여금 임대목적물을 사용, 수익케 하는 채무는 이행불능이 되 고 그러한 이행불능을 이유로 (해지의 의사표시 없이) 당연히 임대차가 종료된다는 식의 구성을 한 것이 있고, 2012년 법전원 협의회 모의고사 3회 제1문의 1도 그러하 여, 이 교재에서도 일단 이에 따라 답안을 구성하였다.
그러나 필자는 개인적으로 위와 같은 논리에 동의하지 않는다. 위 94다54641 판결 의 판시를 문리적으로만 해석한다면 그와 같이 볼 여지는 있으나, 정작 해당 사안의 사실관계에서는 이러한 이행불능으로 임차가 종료되었다고 보기 어렵다는 이유로 임 차인의 차임연체를 이유로 한 해지를 인정했기 때문이다. 한편 대판 1996. 3. 8. 95다 15087은, "임대인이 임대차 목적물의 소유권을 제3자에게 양도하고 그 소유권을 취 득한 제3자가 임차인에게 그 임대차 목적물의 인도를 요구하여 이를 인도하였다면 임 대인이 임차인에게 임대차 목적물을 사용·수익케 할 의무는 이행불능이 되었다고 할 것이고, 이러한 이행불능이 일시적이라고 볼 만한 특별한 사정이 없다면 임대차는 당 사자의 해지 의사표시를 기다릴 필요 없이 당연히 종료되었다고 볼 것이지, 임대인의 채무가 손해배상 채무로 변환된 상태로 채권·채무관계가 존속한다고 볼 수 없다."고 하였는바, 이는 단순히 진정한 소유자로부터 반환청구 등만을 받은 상태가 아니라 나 아가 인도청구에 응하여 인도까지 마친 경우라는 점에서 위 94다54541 판결의 판시 내용과는 사안을 달리 한다.
5)   이 사안은 임대차계약 당시에는 甲이 적법한 소유권을 가지고 있었지만 임대차계약 존속 중에 소유권을 상실한 사안이다. 이와는 달리 임대차계약 당시부터 적법한 소유 권 등 처분권한이 없었을 경우에도 유사한 문제가 발생할 수 있다.

상환청구권과 Y 건물 간에 견련관계도 인정되므로, 丙은 유치권의 성립에 관한 제320조 1항의 요건을 구비하였다.

다. 점유가 불법행위로 인한 것이 아닐 것

제320조 제1항의 요건을 갖춘 경우에도, 그 점유가 불법행위로 인한 경우에는 유치권이 성립하지 않는다(제320조 제2항).

그런데 판례는 "그 점유가 불법행위로 인한 경우"를 "점유가 적어도 불법행위로 인하여 개시되었거나 점유자가 필요비와 유익비를 지출할 당시 점유권원이 없음을 알았거나 중대한 과실로 알지 못한 경우"라고 해석하고, 위와 같은 사유에 대해서는 상대방 당사자의 주장·증명이 있어야 한다고 판시하였다(대판 2011. 12. 13. 2009다5162).

사안에서 유익비는 소유자 변동 후에 지출한 것이나, 위 유익비 지출 당시 점유권원이 없음을 알았거나 중대한 과실로 알지 못하였다고 보기 어려우므로, 유치권의 성립에는 지장이 없다고 할 것이다.

라. 결론

따라서 丙의 유치권 항변은 이유 있다. 그리고 이와 같이 물건의 인도를 청구하는 소송에서 피고의 유치권 항변이 인용되는 경우 그 물건에 관하여 생긴 채권의 변제와 상환으로 그 물건의 인도를 명하여야 하므로, 단순히 청구 기각이 아니라 상환이행 판결을 내려야 한다(대판 1969. 11. 25. 69다1592, 대판 2011. 12. 13. 2009다5162 등).

III. 丁의 丙에 대한 부당이득반환청구의 당부

사안에서 丁은 Y 건물의 소유자로서 그 소유물을 타인인 丙이 점유하고 있으므로 일응 부당이득반환청구권이 발생한다고 할 것이나,[6] 그 범위와 관련하여 다음의 점에 대하여 차례로 살펴보기로 한다.

1. 丙의 과실수취권

丙은 자신이 선의의 점유자로서 Y 건물에 대하여 제201조 제1항의 과실수취권이 있음을 항쟁할 수 있을 것이다.[7]

---

6) 유치권에 기한 점유의 경우에도 부당이득반환의무가 있는가? 유치권은 타인의 물건 등에 관하여 생긴 채권(대표적으로 물건으로 인한 손해배상청구권, 비용상환청구권)이 변제기에 있는 경우에 변제를 받을 때까지 그 물건 등을 유치할 권리일 뿐, 그 물건을 사용·수익할 권리는 아니다. 대법원도 1963.7.11. 63다235 판결로 "유익비 상환청구권에 의한 유치권을 행사하여 가옥을 사용 수익한 경우에는 임료상당의 금원을 부당이득한 것으로 본다."고 판시한 바 있다. 대판 2009. 9. 24. 2009다40684＊는 유치권자가 유치물의 보존에 필요한 사용을 한 경우에도 차임 상당 이득을 소유자에게 반환할 의무가 있다고 판시하였다.

7) "유치권자의 과실수취권에 관한 민법 제323조가 유치권의 대상인 물건의 과실에 대한 소유권을 유치권자에게 부여한 것이 아닌가?" 하는 의문이 생길 수 있다. 그러나 유치권자는 수취한 과실에 대하여 유치권을 가지고 위 규정에 의하여 그 과실에 대하여는 다른 채권보다 먼저 자기 채권의 만족을 얻을 수 있는 권능, 즉 우선변제권을 가진다는 의미일 뿐, 위 소제기 이후 악의로 의제되는 기간 동안 수취한 과실이 유치권자의 소유가 되는 것은 아니다.

그런데 점유자의 선의는 추정되지만(제197조 제1항), 선의의 점유자라도 본권의 소에서 패소한 때에는 소제기시에 소급하여 악의의 점유로 의제된다(제197조 제2항).

사안에서는 丙은, 임대차기간이 남아 있어 정당한 점유권원이 있다고 오신한 경우로서 선의 점유자에 해당한다. 그러나 丁의 소제기시 이후로는 丙의 악의가 의제되므로, 과실수취권은 소제기 전날까지 인정된다.

2. 소제기 후 인도시까지의 부당이득반환의무

앞서 본 바와 같이 丁의 소제기 시점인 2019. 8. 1.부터는 丙에게 부당이득반환의무가 있는데, 丁으로서는 변론종결시까지 이미 발생한 부당이득뿐만 아니라 丙이 Y 건물을 인도할 때까지 장래 발생할 부당이득의 반환도 청구할 수 있다.

위 소송의 변론종결시를 기준으로 볼 때 丙이 인도하기까지의 부당이득반환의무는 아직 이행기가 도래하지 않았지만, 丙이 권원없이 점유하면서도 유치권을 주장하면서 인도를 거부하고 있어 이행기에 이르러서도 임의의 이행을 기대할 수 없음이 명백하므로, 이 부분도 미리 청구할 필요(민사소송법 제251조)가 인정된다.

3. 丙의 상계항변의 당부

가. 문제의 제기

쌍방이 서로 같은 종류를 목적으로 한 채무를 부담한 경우에 그 쌍방의 채무의 이행기가 도래한 때에는 각 채무자는 대등액에 관하여 상계할 수 있다(제492조).

丙의 상계항변은 비용상환청구권이 丁에 대한 자동채권임을 전제로 하는 것이다. 필요비, 유익비 상환청구권에 대한 규정은 제203조 및 제626조 등에 규정되어 있다. 이 사건 비용상환청구권이 만일 제203조에 기한 것이라면, 회복자인 丁에 대하여 자동채권을 가지고 있으므로 상계의 문제가 발생할 수 있다.[8] 제626조 등에 의한 비용상환청구권의 상대방은 소유권 여부와 무관하게 임대인인 반면, 제203조에 기한 비용상환청구권의 상대방은 소유자이기 때문이다.

나. 민법 제203조의 적용범위

점유자가 유익비를 지출할 당시 계약관계 등 적법한 점유의 권

---

8) 제203조의 상환청구권과 제626조의 상환청구권은 그 상대방을 달리하는 외에도 제203조 1항 단서가 "과실을 수취한 경우에는 통상의 필요비상환청구권은 행사하지 못한다."고 규정하여 위와 같은 규정을 두지 않은 제626조에 기한 상환청구권과는 차이가 있다. 전자의 경우, 만일 점유자가 사용수익을 하였다면 통상의 필요비상환청구권을 행사할 수 없다. 그러나 제203조에 의하더라도 임시 또는 특별필요비(가령 태풍으로 인한 대수선에 따른 비용)은 과실을 수취한 경우에도 상환청구권이 인정된다.

원을 가진 경우에 그 지출비용의 상환에 관하여는 그 계약관계를 규율하는 법조항이나 법리 등이 적용되는 것이어서, 점유자는 그 계약관계 등의 상대방에 대하여 해당 법조항이나 법리에 따른 비용상환청구권을 행사할 수 있을 뿐 계약관계 등의 상대방이 아닌 점유회복 당시의 소유자에 대하여 제203조 제2항에 따른 지출비용의 상환을 구할 수는 없다(대판 2003. 7.25 2001다64752).

다. 사안의 경우

사안에서 丙의 점유는 甲과의 임대차계약에 기한 것으로서 제626조에 따른 비용상환청구권을 임대인인 甲에게 행사할 수 있음은 별론으로 하고, 丙에게는 아무런 채권도 가지고 있지 않아 위 상계의 주장은 이유 없다(다만, 앞서 본 바와 같이 위 유익비 지출 당시에는 소유자가 변경되어 그 상환청구권에 대하여 제626조가 아니라 제203조가 적용된다는 견해에 의하면, 위 1,500만 원의 청구권은 丁에 대한 것이므로 상계가 가능하다고 할 것이다).

2. 甲은 乙에게 Y 건물을 임차보증금 2억 원, 월차임 1백만 원에 임대하면서, 乙이 Y 건물을 일부 개·보수 하더라도 임대차가 종료되면 乙의 비용으로 원상복구하기로 약정하였다. 乙은 甲으로부터 Y 건물을 인도받은 후 음식점 영업을 위한 내부공사뿐 아니라 4백만 원을 들여 화장실변기 및 출입문 교체 등의

보수공사를 하였고 이로 인하여 Y 건물의 가치 증가가 1백만
원 현존하는 것으로 인정된다. 그런데 乙은 임대차기간 중 차
임을 지급하지 아니하였고, 이에 따라 甲이 2기 이상의 차임연
체를 이유로 위 임대차계약을 적법하게 해지하였다.

　　甲의 인도청구에 대하여, 임대차의 유익비상환청구권 및
부속물매수청구권에 기초하여 Y 건물에 대한 유치권을 주장하
면서 인도를 거절한다. 乙의 항변은 정당한가?

I.　문제의 제기

　　제320조에 의하면, 타인의 물건 등을 점유한 자는 그 물건 등에
관하여 생긴 채권이 변제기에 있는 경우에 그 물건을 유치할 권리가
있다. 이 사안에서는 유익비상환청구권, 부속물매수청구권이 유치
권의 피담보채권이 될 수 있는지 여부 및 원상회복약정이 위와 같은
청구권에 미치는 영향 등이 문제된다.

II.　유익비상환청구권에 기한 유치권의 成否

　　유익비상환청구권은 乙이 점유하고 있는 임대차목적물에 관하
여 생긴 채권이고, 제626조에 의하여 그 변제기가 임대차종료시인
데 위 임대차계약은 甲의 해지의사표시에 의하여 적법하게 해지, 종
료되었으므로 유치권이 일응 성립할 수 있을 것이다. 그러나 甲-乙

간의 임대차계약체결 당시에 한 원상복구약정의 의미는 유익비상환 청구권의 포기에 해당하는데(대판 1975. 4. 22. 73다2010), 유익비상환 청구권에 대한 제626조는 강행규정이 아니므로 위 포기특약은 유효하다.

　그렇다면 乙의 유치권 항변은 이유 없다.

Ⅲ. 부속물매수청구권에 기한 유치권의 成否

　乙이 위 임차목적물에 가한 보수공사의 결과, 화장실 변기 및 출입문 등이 甲 소유 건물에 부속되었다고 본다면 제646조의 부속물매수청구권이 성립한다고 볼 여지가 있다.

　부속물매수청구권은 강행규정으로서 원상회복약정을 하였다고 하더라도 위 청구권의 포기가 임차인에게 불리한 때에는 효력이 없다고 할 것이나[9], 이 사안에서 乙의 2기 이상의 차임연체로 인해 계약이 해지되는 터이므로 부속물매수청구권이 인정되지 않는다.[10] 무엇보다도 부속물과 임차건물은 별개의 물건이고, 부속물매수대금은 임차건물 자체에 관하여 발생한 채권이 아니므로 유치권이 성립할 수 없다.[11] 이러한 점에서 판례가 유치권 성립을 인정하는 필요비,

---

9)　부속물매수청구권의 포기가 제646조에 위반되는, 임차인에게 불리한 약정이 아니라고 한 예외적인 경우에 대하여는 대판 1982.1.19. 81다1001 참조.

10)　참고로 이 사안에서는 乙의 2기 이상의 차임연체를 이유로 임대차계약이 종료하였는데, 부속물매수청구권은 채무불이행으로 인하여 임대차계약이 종료한 경우에는 인정되지 않는다(대판 1990.1.23. 88다카7245·7252).

유익비 등에 대한 비용상환청구권과는 다르다.

Ⅳ. 결론

어느 모로 보나 유치권이 성립할 여지가 없으므로 乙의 항변은
이유 없다.

---

3. A는 그 소유의 X 토지 위에 지상 2층의 Y 건물을 신축함에
있어서 甲에게 공사도급을 주었고, 그 무렵 乙은 甲에게 시멘
트를 공급하여 위 시멘트가 甲에 의하여 건물신축공사에 사용
되었다. 그런데 A는 甲에게 공사대금의 지급을 지체하였고 A가
지급을 보증한 甲의 乙에 대한 시멘트대금채무도 지체에 빠지
게 되었다.

한편 A가 2019. 10. 1. Y 건물에 대한 소유권보존등기를 적
법하게 경료하자 바로 A의 채권자 丙이 Y 건물을 가압류하였
다. A는 위 가압류로 인하여 공사대금 지급에 필요한 자금을 마
련하기 위하여 Y 건물을 임대하려던 계획을 바꾸어 2020. 1. 1.
甲과 乙에게 Y 건물 1, 2층의 점유를 넘겨주면서 해당 부분을
임대하는 등으로 능력껏 대금을 회수해 가라고 하였다.

---

11) 유치권의 피담보채권인 '그 물건에 관하여 생긴 채권'에 대해서는 뒤의 [관련 표준판
례] 참조.

丙은 위 가압류의 청구채권에 대하여 확정판결을 받았고 이를 집행권원으로 한 판결을 받아 Y 건물에 대한 강제집행을 신청하였고, 이에 기하여 진행된 경매절차에서 丁이 Y 건물을 매수하여 대금을 완납하였다.

이에 대하여 甲과 乙은 자신들의 채권에 기하여 각 점유부분에 대한 유치권을 주장한다. 甲과 乙 주장의 당부를 판단하라.

I. 유치권의 성립요건

유치권이 성립하려면, 1) 피담보채권이 변제기에 있을 것, 2) 타인의 물건을 점유하고 있을 것 3) 피담보채권과 물건 간에 견련관계가 있을 것 4) 불법으로 점유를 개시한 것이 아닐 것 등의 요건을 충족하여야 한다(제320조).

II. 甲의 유치권 주장에 대하여

사안에서 甲은 A에 대하여 공사대금채권이 있고, A가 대금의 지급을 지체하였다는 것은 그 변제기가 도과하였음을 의미하므로 1) 요건을 충족한다. 또한 甲이 점유를 취득하였는데, 가압류등기가 경료되어 있을 뿐 현실적인 매각절차가 이루어지지 않고 있는 상황 하에서 위 가압류 후의 A의 점유 이전은 사실행위이고 처분행위에 해당하지 않아 가압류의 처분금지효에 저촉되지 않고 유치권의 성립에 장애가 되지 않으므로 2) 요건도 충족한다(대판 2011. 11. 24. 2009다19246*).[12] 그리고 Y 건물에 대한 공사대금채권과 점유의 취득은 견련관계에 있어(대판 1995. 9. 15. 95다16202, 95다16219*) 3) 요건을 충족한다. 마지막으로 사안에서 甲이 불법으로 점유를 개시하였다고 볼 사정이 없어서 4) 요건도 충족한다.

따라서 甲의 유치권의 주장은 이유 있다.

Ⅲ. 乙의 유치권 주장에 대하여

乙의 자재대금채권은 매매계약에 따른 매매대금채권에 불과할 뿐 건물 자체에 관하여 생긴 채권이라고 할 수 없으므로 위에서 본 유치권의 성립요건 중 3) 물건과 피담보채권의 견련관계 요건을 충족하지 못한다(대판 2012. 1. 26. 2011다96208*).

따라서 乙의 유치권 주장은 나머지 점에 대하여 살펴볼 필요 없이 이유 없다.

---

12) 이와는 달리, 부동산에 경매개시결정의 기입등기가 경료되어 압류의 효력이 발생한 후에 채무자가 제3자에게 당해 부동산의 점유를 이전함으로써 그로 하여금 유치권을 취득하게 하는 경우 그와 같은 점유의 이전은 압류의 처분금지효에 저촉되는 처분행위에 해당한다(대판 2006. 8. 25. 2006다22050*). 경매절차에서 매수가격 결정의 기초로 삼은 현황조사보고서나 매각물건명세서 등의 기재에 대한 신뢰, 매수가격의 적정화를 통하여 채권자의 만족을 얻게 하려는 민사집행제도의 운영 등을 고려한 판단이다.

Ⅳ. 결론

甲은 유치권을 주장할 수 있고, 乙은 유치권을 주장할 수 없다.

4. 甲은행은 丙에게 대출을 해 주면서 丙 소유의 X 건물에 대하여 2017. 7. 1. 제1순위 근저당권설정등기를 마쳤다. 丙은 자신 소유의 X 건물 대수선 공사를 하기 위하여 공사업자 乙과 2018. 2. 1. X 건물의 공사에 관하여 공사대금 2억 원, 공사완공예정일 2019. 3. 20.로 정하고 공사대금은 완공 시에 일시금으로 지급하기로 하는 도급계약을 체결하였고, 乙은 계약당일 위 X 건물에 대한 점유를 이전받았다. 근저당권자인 甲은행은 丙이 대출금에 대한 이자를 연체하자 위 근저당권실행을 위한 경매를 신청하여 2019. 5. 1. 경매개시결정 기입등기가 마쳐졌다. 乙은 그 이전인 2019. 3. 20. 위 공사를 완공하였고, 2019. 5. 20. 위 경매절차에서 공사대금채권의 유치권을 신고하였다. 경매절차에서 丁은 X 건물에 대한 매각허가결정을 받아 2019. 10. 2. 매각대금을 완납하고, 소유권이전등기를 마친 후 乙에게 X 건물에 대한 인도청구를 하였다.

　가. 세무서에서 2019. 3. 1. X 건물에 대해 체납처분압류등기를 한 경우에 乙은 유치권으로 丁에게 대항할 수 있는가?
　나. 丙은 丁으로부터 공사대금을 지급받기까지는 丁에게

Y 건물을 인도할 수 없다고 주장하면서, 반소로서 丁에 대하여
위 공사대금 상당액을 청구하였다. 丙의 반소청구는 정당한가?

4-가

I. 결론

丙의 유치권 항변은 정당하다.

II. 논거

乙은 甲과의 공사도급계약상의 공사대금채권을 피담보채권으로
하여 유치권을 취득하고(위 95다16202, 95다16219*), 이는 물권으로
서 대세적 효력이 있으므로 丁에 대하여도 유치권을 주장할 수 있다.
저당권 설정 후에 유치권을 취득하였으나 그 시점이 압류 이전이므
로 丙의 주장은 인도청구에 대한 유치권항변으로서 정당하다(민법 제
320조 제1항, 민사집행법 제91조 제5항; 대판 2009. 1. 15. 2008다70763*).[13]

---

13) 한편, 상사유치권과 관련하여서는, 해당 부동산에 대하여 근저당권이 설정되어 있었
고, 근저당권자의 신청에 의하여 경매절차가 곧 개시되리라는 사정을 충분히 인식하
면서 A가 임대차계약을 체결하고 그에 따라 유치목적물을 이전받았다고 보이는 사
안에서, A가 선순위 근저당권자의 신청에 의하여 개시된 경매절차에서 상사유치권을
주장하는 것은 신의칙상 허용될 수 없다는 판례가 있다(대판 2011. 12. 22. 2011다
84298).

또한 사안에서는 유치권의 성립시기가 체납처분압류 후의 시점
이라는 특징이 있다. 부동산에 관하여 경매개시결정등기가 된 뒤에
비로소 부동산의 점유를 이전받거나 피담보채권이 발생하여 유치권
을 취득한 경우는, 압류채권자를 비롯한 다른 이해관계인들의 희생
하에 유치권자만을 우선 보호하는 것은 집행절차의 법적 안정성이라
는 측면에서 받아들일 수 없다는 이유에서 경매절차의 매수인에 대
하여 유치권을 행사할 수 없다고 한다(위 2006다22050*). 그러나 부동
산에 관한 민사집행절차에서는 압류가 행하여짐과 동시에 매각절차
인 경매절차가 개시되는 반면, 그와는 달리 국세징수법에 의한 체납
처분절차에서는 압류와 동시에 매각절차인 공매절차가 개시되는 것
이 아닌 점 등의 차이가 있어서 그 부동산에 관하여 경매개시결정에
따른 압류가 행하여진 경우와 마찬가지로 볼 수는 없다. 따라서 체납
처분압류가 되어 있는 부동산이라고 하더라도 그러한 사정만으로 경
매절차가 개시되어 경매개시결정등기가 되기 전에 부동산에 관하여
유치권을 취득한 유치권자가 경매절차의 매수인에게 유치권을 행사
할 수 없다고 볼 것은 아니다(대판 2014. 3. 20. 2009다60336 전합*).

4-나

I. 결론

丙의 반소청구는 정당하지 않다.

II. 논거

丙은 丁에 대하여 어떤 채권을 가지는 것은 아니고, 甲과의 공사도급계약상의 공사대금청구권을 피담보채권으로 하여 유치권을 취득하여 이를 대세적으로 주장할 수 있을 뿐이다.

민사집행법 제91조 제5항에 의하면, 매수인은 유치권자에게 그 유치권으로 담보하는 채권을 변제할 책임이 있다고 규정하고 있다. 그런데 위 규정의 해석과 관련하여, 판례는 '변제할 책임이 있다'는 의미가 부동산상의 부담을 승계한다는 취지일 뿐 인적 채무까지 인수한다는 취지는 아니라는 것이어서 유치권자는 낙찰자에 대하여 그 채권의 변제완료시까지 유치목적물인 부동산의 인도를 거절할 수 있을 뿐 피담보채권의 변제를 청구할 수는 없다고 한다(대판 1996. 8. 23 95다8713). 사인 간 매매의 경우에는 매수인이 인적 채무를 부담하지 않는다고 하면서 경매절차의 경우에는 부담시킨다면 유치권자의 보호에 지나치게 치중하여 공평의 원칙에 반하기 때문이다.

따라서 丙은 丁에게 직접 공사대금의 지급을 청구할 수는 없고, 丙의 반소청구는 정당하지 않다.

[본문 중의 표준판례]

대법원 1995. 9. 15. 선고 95다16202, 95다16219 판결 - 307.
: 도급계약에서 수급인의 공사대금채권에 기하여 신축 건물에 대하여 유치권을 가지는 경우(적극)

대법원 2012. 1. 26. 선고 2011다96208 판결 - 308.
: 甲이 건물 신축공사 수급인과 체결한 약정에 따라 공사현장에 시멘트와 모래 등의 건축자재를 공급한 사안에서, 甲의 건축자재대금채권이 건물에 관한 유치권의 피담보채권이 되는지 여부(소극)

대법원 2006. 8. 25. 선고 2006다22050 판결 - 314.
: 채무자 소유의 부동산에 경매개시결정의 기입등기가 경료되어 압류의 효력이 발생한 후에 부동산의 점유를 이전받아 유치권을 취득한 채권자가 그 기입등기의 경료사실을 과실 없이 알지 못하였다는 사정을 내세워 그 유치권으로 경매절차의 매수인에게 대항할 수 있는지 여부(소극)

대법원 2011. 11. 24. 선고 2009다19246 판결 - 315.
: 부동산에 가압류등기가 경료된 후에 채무자의 점유이전으로 제3자가 유치권을 취득하는 경우, 가압류의 처분금지효에 저촉되는지 여부(소극)

대법원 2014. 3. 20. 선고 2009다60336 전원합의체 판결 - 316.
: 체납처분압류가 되어 있는 부동산에 대하여 경매절차가 개시되기 전에

민사유치권을 취득한 유치권자가 경매절차의 매수인에게 유치권을 행사
할 수 있는지 여부(적극)

대법원 2009. 9. 24. 선고 2009다40684 판결 - 317.
: 공사대금채권에 기하여 유치권을 행사하는 자가 스스로 유치물인 주택
에 거주하며 사용하는 것이 유치물의 보존에 필요한 사용에 해당하는지
여부(적극) 및 이 경우 차임 상당 이득을 소유자에게 반환할 의무가 있는
지 여부(적극)

대법원 2009. 1. 15. 선고 2008다70763 판결 - 318.
: 근저당권설정 후 경매로 인한 압류의 효력 발생 전에 취득한 유치권으
로 경매절차의 매수인에게 대항할 수 있는지 여부(적극)

[관련 표준판례]

대법원 2016. 3. 10. 선고 2013다99409 판결 - 304.
: 근저당권자가 유치권 신고를 한 사람을 상대로 경매절차에서 유치권을
내세워 대항할 수 있는 범위를 초과하는 유치권의 부존재 확인을 구할
법률상 이익이 있는지 여부(적극)

대법원 2007. 9. 7. 선고 2005다16942 판결 - 305.
: 민법 제320조 제1항에 정한 유치권의 피담보채권인 '그 물건에 관하여
생긴 채권'의 범위 및 민법 제321조에 정한 유치권의 불가분성이 그 목

적물이 분할 가능하거나 수개의 물건인 경우에도 적용되는지 여부(적극)

대법원 1976. 5. 11. 선고 75다1305 판결 - 306.
: 임차인의 임차보증금반환청구권이나 손해배상청구권이 민법 320조 소
정의 그 건물에 관하여 생긴 채권이라 할 수 있는지 여부(소극)

대법원 2008. 5. 30. 자 2007마98 결정 - 309.
: 건물신축공사를 도급받은 수급인이 사회통념상 독립한 건물이 되지 못
한 정착물을 토지에 설치한 상태에서 공사가 중단된 경우, 위 정착물 또
는 토지에 대하여 유치권을 행사할 수 있는지 여부(소극)

대법원 2012. 1. 12. 자 2011마2380 결정 - 310.
: 부동산 매도인이 매매대금을 다 지급받지 않은 상태에서 매수인에게
소유권이전등기를 마쳐주었으나 부동산을 계속 점유하고 있는 경우, 매
매대금채권을 피담보채권으로 하여 매수인이나 그에게서 부동산 소유권
을 취득한 제3자에게 유치권을 주장할 수 있는지 여부(소극)

대법원 2009. 3. 26. 선고 2008다34828 판결 - 311.
: 이른바 계약명의신탁에 있어 명의신탁자가 명의수탁자에 대하여 가지
는 매매대금 상당의 부당이득반환청구권에 기하여 유치권을 행사할 수
있는지 여부(소극)

대법원 2008. 4. 11. 선고 2007다27236 판결 - 312.

: 채무자를 직접점유자로 하여 채권자가 간접점유하는 경우에도 유치권
이 성립하는지 여부(소극)

대법원 2012. 2. 9. 선고 2011다72189 판결 - 313.
: 채무자 및 제3자에 의한 점유침탈에 의하여 유치권이 소멸되는지 여부
(적극) 및 점유를 회복한 경우에 유치권이 되살아나는지 여부(적극)

대법원 2009. 9. 24. 선고 2009다39530 판결 - 319.
: 유치권의 피담보채권의 소멸시효기간이 확정판결 등에 의하여 10년으
로 연장된 경우, 유치권이 성립된 부동산의 매수인이 종전의 단기소멸시
효를 원용할 수 있는지 여부(소극)

대법원 1993. 3. 26. 선고 91다14116 판결 - 320.
: 수급인은 공사대금을 지급받을 때까지 수급인의 재료와 노력으로 건축
된 수급인 소유의 기성부분에 대하여 유치권을 가지는지 여부(소극)

대법원 2011. 6. 15. 자 2010마1059 결정 - 321.
: 유치권에 의한 경매와 소멸주의

제14문

질권

A 회사는 보험회사 B와 사이에, A 회사 소유의 X 기계(시가 5억 원) 및 Y 건물(시가 10억 원)에 화재보험계약(이하 '이 사건 보험계약')을 체결하였다. 한편 A 회사는 C에게 10억 원을 차용하면서 이 사건 보험계약에 기한 보험금청구권에 관하여 채권최고액 15억 원의 질권을 설정하여 주었고, B는 이를 승낙하였다.

그런데 A 회사의 Y 건물에 화재가 발생하여 X 기계 및 Y 건물이 소훼되었다. A 회사의 대표이사 등은 이 사건 보험계약에 기한 보험금을 청구하면서, B의 손해사정인에게 X 기계의 가격을 7억으로 부풀린 허위의 손해사정자료를 제출하였다. B는 위 손해사정자료를 근거로 위 화재로 인한 보험금을 17억 원으로 결정하고, 그중 채권최고액 상당인 15억 원을 질권자인 C에게, 나머지를 피보험자인 A에게 각 지급하였다. C는 위 15억 원 중 피담보채권액 상당인 10억 원은 A 회사에 대한 대출금채권의 변제에 충당하고 나머지 5억 원은 곧바로 A 회사에 반환하였다.

한편 이 사건 보험계약의 약관은 허위의 손해사정자료를 제출한 경우 A 회사가 보험금청구권을 상실하는 것으로 규정하고 있다. A 회사의 대표이사 등은 허위의 손해사정자료를 제출하여 보험금을 편취하였다는 범죄사실로 기소되어 유죄판결을 선고받았고, 그 판결은 확정되었다.

B는 C를 상대로, 위 15억 원이 법률상 원인 없이 지급된 것으로서 부당이득에 해당한다는 이유로 그 반환을 구한다. 위 청구의 인용여부를 이유를 들어 판단하라.

I. 채권 질권자의 직접 청구와 삼각관계의 부당이득

A회사가 C에게 설정한 질권은 재산권을 대상으로 한 권리질권이다(제345조). 권리질권의 설정은 권리의 양도에 관한 방법에 의해야 하는데(제346조), 지명채권인 보험금청구권을 목적으로 한 질권의 설정에 대해 제3채무자인 B가 이를 승낙하였으므로 질권자 C는 제3채무자 B 기타 제삼자에게 대항할 수 있다(제349조 제1항).

채권의 목적물이 금전인 때에는 질권자는 자기채권의 한도에서 제3채무자에게 직접 청구할 수 있다(제353조 제2항). 사안에서 제3채무자 B가 채무자 A 회사의 질권자 C에게 지급한 15억 원 중 피담보채권의 범위 내인 10억 원 부분에 대해서는, 위 지급으로써 B의 A에 대한 보험금 지급과 A의 C에 대한 대출금채무의 변제가 함께 이루어진 것이 된다(대판 2015. 5. 29. 2012다92258＊).

　　그런데 A 회사와 B 사이의 보험계약의 약관에 의하여 A 회사가 B에 대한 보험금청구권을 상실하여 B의 보험금 지급의무가 없다고 하더라도, B는 특별한 사정이 없는 한 C에 대하여는 위 10억 원에 관하여 부당이득반환을 구할 수 없다. 채권질권자 - 채권질권설정자 - 제3채무자로 구성되는 삼각관계에서, 제3채무자가 질권자를 상대로 직접 부당이득반환청구를 할 수 있다고 보면 자기 책임하에 체결된 계약에 따른 위험을 제3자인 질권자에게 전가하는 것이 되어 계약법의 원리에 반하는 결과를 초래할 뿐만 아니라 질권자가 질권설정자에 대하여 가지는 항변권 등을 침해하게 되어 부당하기 때문이다(위 2012다92258＊).

Ⅱ. 초과지급부분에 대한 부당이득

　　A 회사가 C에게 지급한 15억 원 중 피담보채권의 범위를 초과한 5억 원 부분에 관하여는 위와 같은 보험금 지급과 대출금채무의 변제가 이루어진 것으로 볼 수는 없으므로 일응 법률상 원인 없는 급부에 해당한다고 볼 수 있다. 그러나 이미 C가 위 돈을 그대로 A에게 반환한 이상 C에게 실질적 이익이 있다고 할 수 없다. 따라서 B는 C에 대하여 위 5억 원에 관하여도 부당이득반환을 구할 수 없다(위 2012다92258＊).

Ⅲ. 결론

B의 C에 대한 청구는 인용되지 않는다.

[본문 중의 표준판례]

대법원 2015. 5. 29. 선고 2012다92258 판결 - 325.
: 금전채권의 질권자가 자기채권의 범위 내에서 직접청구권을 행사하는
경우, 입질채권의 발생원인인 계약관계에 무효 등의 흠이 있어 입질채권
이 부존재하는 경우, 제3채무자가 질권자를 상대로 직접 부당이득반환을
구할 수 있는지 여부(원칙적 소극)

[관련 표준판례]

1) 채권질권 - 제324조, 제326조, 제328조는 채권양도 법리와 유사

대법원 2014. 4. 10. 선고 2013다76192 판결 - 324.
: 질권자가 제3채무자에게 질권설정계약의 해지 사실을 통지하였으나 아
직 해지되지 않은 경우, 선의인 제3채무자가 질권설정자에게 대항할 수
있는 사유로 질권자에게 대항할 수 있는지 여부(적극) 및 해지 통지를 믿
은 제3채무자의 선의가 추정되는지 여부(적극)와 그 통지의 효력발생시
기(=제3채무자에게 도달한 때)

대법원 2005. 12. 22. 선고 2003다55059 판결 - 326.
: 질권의 목적인 채권의 양도에 있어서 질권자의 동의가 필요한지 여부
(소극)

대법원 2005. 2. 25. 선고 2003다40668 판결 – 327.

: 채권질권의 효력 범위 및 그 실행 방법 – 질권설정금액을 한도로 하여 피담보채권 및 그에 대한 약정연체이율에 의한 지연손해금 등의 부대채 권에 미치므로, 그 범위에 한하여 직접 추심하여 자기채권의 변제에 충당할 수 있음.

대법원 2002. 3. 29. 선고 2000다13887 판결 – 328.

: 채권의 양도에 이의를 보류하지 않은 승낙에 대하여 항변사유를 제한하고 있는 민법 제451조 제1항의 규정 취지 및 채권의 양도나 질권의 설정에 대하여 이의를 보류하지 않고 승낙하였더라도 양수인 또는 질권자가 악의 또는 중과실인 경우 양수인 또는 질권자에게 대항할 수 있는지 여부(적극)

대법원 2009. 10. 15. 선고 2009다43621 판결 – 329.

근질권이 설정된 금전채권에 대하여 제3자의 압류로 강제집행절차가 개시된 경우, 근질권의 피담보채권의 확정 시기 – 근질권자가 강제집행이 개시된 사실을 알게 된 때

2) 민법 제352조

대법원 2018. 12. 27. 선고 2016다265689 판결 – 330.

: 제3채무자가 질권자의 동의 없이 질권설정자와 상계합의를 하여 질권의 목적인 채무를 소멸시킨 경우에 이로써 질권자에게 대항할 수 있는지

여부(소극)

대법원 1997. 11. 11. 선고 97다35375 판결 - 331.
: 민법 제352조에 위반한 질권설정자의 행위의 효력 - 상대적 무효

대법원 2016. 4. 29. 선고 2015도5665 판결 - 332.
: 질권설정자의 변제수령시 질권설정자의 손해(소극) - 제352조에 위반한 행위는 상대적 무효로서 질권자는 여전히 제3채무자에 대하여 직접 채무의 변제를 청구하거나 변제할 금액의 공탁을 청구할 수 있기 때문임.

제15문

(근)저당권[1]

1. 甲은 2018. 2. 2. 乙로부터 1억 원을 1년 동안 이자 연 12%로 차용하기로 하는 소비대차계약을 체결하고, 자신 소유의 X 토지에 대하여 근저당권자 乙, 채권최고액 1억 2,400만 원으로 하는 근저당권을 설정하였다. 변제기가 지나도 甲이 위 채무를 변제하지 않자, 乙은 위 근저당권을 실행하겠다는 뜻을 甲에게 통지하고 2020. 8. 2. X 토지에 대하여 근저당권에 기한 경매를 신청하였다. 위 경매절차 진행 중 甲은 丙에게 X 토지를 매도하고 소유권이전등기를 하였다.

乙에게 위 채권최고액인 1억 2,400만 원 및 경매비용을 변제한 자가 甲인 경우와 丙인 경우로 나누어, 위 변제자가 乙을

---

1) 2013년 제2회 변호사시험 제1문, 2015년 제4회 변호사시험 제1문의 5 설문 3, 2017년 제6회 변호사시험 제1문의 4, 2017년 제1차 법전협 모의시험 제1문의 1 설문2, 2017년 제3차 법전협 모의시험 제2문 설문1, 2018년 제7회 변호사시험 제2문의 1 설문2.

상대로 위 근저당권설정등기의 말소를 청구할 수 있는지 및 법원의 판단은 어떠할지를 논거를 들어서 답하라.

I. 甲이 변제한 경우

1. 문제의 소재

甲은 乙에 대한 차용금채무의 채무자 겸 그 담보를 제공한 근저당권설정자이지만, 위 말소등기청구 당시에는 이미 丙에게 X 토지의 소유권을 이전한 상태이다. 1) 甲이 이와 같이 소유권을 상실한 후에도 피담보채무의 소멸을 이유로 근저당권설정등기의 말소를 청구할 수 있는지, 2) 만일 가능하다고 한다면 사안에서 근저당권등기의 말소를 위하여 甲이 변제하여야 할 피담보채무액은 얼마인지가 문제된다.

2. 소유권을 상실한 근저당권설정자의 근저당권설정등기 말소청구 가부

甲은 근저당권설정계약의 당사자로서 근저당권소멸에 따른 원상회복으로 근저당권자에게 근저당권설정등기의 말소를 구할 수 있는 계약상 권리가 있다. 따라서 이러한 계약상 권리에 터잡아 근저당권자에게 피담보채무의 소멸을 이유로 하여 그 근저당권설정등기의

말소를 청구할 수 있다. 甲이 목적물의 소유권을 상실하였다는 이유
만으로 계약상의 권리를 행사할 수 없다고 볼 것은 아니다(대판 1994.
1. 25. 93다16338 전합*).

3. 일부변제와 근저당권설정등기의 말소청구

원래 저당권은 원본, 이자, 위약금, 채무불이행으로 인한 손해배
상 및 저당권의 실행비용을 담보하는 것이며, 근저당권은 담보할 채
무의 최고액만을 정한 저당권(제357조)인데, 근저당권자와 채무자 겸
근저당권설정자와의 관계에 있어서 담보할 채무 자체가 최고액에
한정되지는 않는다. 따라서 근저당권에 있어서 피담보채권의 총액이
그 최고액을 초과하는 경우, 적어도 근저당권자와 채무자 겸 근저당
권설정자와의 관계에 있어서는 위 채권 전액의 변제가 있을 때까지
근저당권의 효력은 채권최고액과는 관계없이 잔존채무에 여전히 미
친다(대판 2001. 10. 12. 2000다59081).

근저당권자가 직접 경매신청을 한 경우에 근저당권의 효력이 미
치는 피담보채권액은 경매신청시를 기준으로 확정되는바(대판 1988.
10. 11. 87다카545),[2] 사안에서 변제기까지의 이자는 1,200만 원이고

---

2) 한편 후순위 근저당권자가 경매를 신청한 경우, 선순위 근저당권자의 피담보채권
    액이 확정되는 시기는 경락인이 경락대금을 완납한 때이다(대판 1999. 9. 21. 99다
    26085*). 근저당권의 피담보채권이 확정되기 전에 발생한 원본채권에 관하여 확정
    후에 발생하는 이자나 지연손해금 채권은 채권최고액의 한도 내에서 여전히 담보된
    다(대판 2007. 4. 26. 2005다38300).

경매신청시까지 지연손해금은 1,800만 원이므로 원본과 이자, 지연손해금을 합한 금액은 1억 3,000만 원이다. 저당권설정등기의 말소등기청구에 있어 피담보채무의 변제는 선이행관계에 있는 것이므로, 원칙적으로 저당권자로서는 저당권설정자로부터 피담보채무를 변제받은 후에야 근저당권설정등기의 말소등기절차를 이행할 의무가 있다. 또한 甲이 1억 2천 4백만 원 및 경매비용을 변제한 것만으로는 근저당권의 피담보채무 전부를 변제한 것으로 볼 수 없고, 담보물권의 통유성[3]으로서 불가분성에 따라 乙로서는 채권 전부의 변제를 받을 때까지 저당목적물 전부에 대하여 그 권리를 행사할 수 있다(제370조, 제321조).

따라서 원칙적으로 甲은 乙을 상대로 근저당권설정등기의 말소를 청구할 수 없다.

3. 예외적으로 미리 청구할 이익이 있는 경우에 변제하여야 할 금액

다만, 원고가 피담보채무 전액을 변제하였다고 주장하면서 근저당권설정등기에 대한 말소등기절차의 이행을 청구하였으나 그 원리금의 계산 등에 관한 다툼 등으로 인하여 변제액이 채무 전액을 소멸시키는 데 미치지 못하고 잔존채무가 있는 것으로 밝혀진 경우

---

3) 담보물권이 공통적으로 가지는 성질로서, 부종성, 수반성, 불가분성, 물상대위성을 든다.

에는, 특별한 사정이 없는 한 원고의 청구 중에는 확정된 잔존채무를 변제하고 그 다음에 위 등기의 말소를 구한다는 취지도 포함되어 있는 것으로 해석함이 상당하고, 이러한 경우에는 장래 이행의 소로서 그 저당권설정등기의 말소를 미리 청구할 필요가 있다(대판 1996. 2. 23. 95다9310).

이에 해당하는 경우에 법원은, 甲이 추가 변제금(2020. 8. 2.를 기준으로 6백만 원)을 乙에게 지급하는 조건으로, 乙에게 근저당권설정등기의 말소를 명하여야 한다.

II. 丙이 변제한 경우

丙은 甲이 乙에게 담보로 제공한 부동산의 제3취득자[4]이다.

저당권의 경우에 민법 제364조에 따라 제3취득자는 그 부동산으로 담보된 채권만을 변제하고 저당권의 소멸을 청구할 수 있고 이때 채권의 범위는 제360조에 의하여 제한을 받는다. 같은 이치로서 근저당권의 경우는 피담보채무가 확정된 후에 그 확정된 피담보채무(다만, 지연손해금은 1년분에 한정될 필요가 없다)를 채권최고액의 범위 내에서 변제하고 그 근저당권설정등기의 말소를 청구할 수 있다. 제

---

4) 한편 근저당부동산에 대하여 후순위근저당권을 취득한 자는 민법 제364조에서 정한 권리를 행사할 수 있는 제3취득자에 해당하지 아니한다. 따라서 이러한 후순위근저당권자가 선순위근저당권의 피담보채무가 확정된 이후에 그 확정된 피담보채무를 변제한 것은 민법 제469조의 규정에 의한 이해관계 있는 제3자의 변제로서 유효한 것인지 따져볼 수는 있을지언정, 민법 제364조의 규정에 따라 선순위근저당권의 소멸을 청구할 수 있는 사유로는 삼을 수 없다(대판 2006. 1. 26. 2005다17341 *).

3취득자는 우선변제권에 대한 제한을 예측하고 물적 부담을 인수한 것이므로 그 통상적인 예측의 범위에서 피담보채무를 변제하고 물적 부담을 면할 기회를 제공한 것으로 이해될 수 있다.

이상의 법리에 따르면 丙이 변제할 채권은 원본 1억 원, 이자 및 지연손해금 합계 3,000만 원 중 채권최고액인 1억 2,400만 원이 되고, 丙은 위 금액을 모두 변제하였으므로 저당권은 소멸하였다.

따라서 丙은 乙에게 근저당권설정등기의 말소를 청구할 수 있다.

2. 甲은 2017. 12. 30. 乙로부터 1억 5천만 원을 차용하면서 그 담보로 그 소유의 X 부동산에 관하여 乙 명의로 저당권을 설정하고 그 등기를 마쳤는데, 甲이 2018. 6. 20. 乙에게 위 대여금 채무를 모두 변제하였다.

그 후 甲은 수회에 걸쳐 丙으로부터 금원을 차용하였는데, 2018. 11. 30. 그때까지의 차용원금 및 미지급 이자를 합하여 원금을 금 1억 5천만 원으로 확정하여 차용하는 것으로 약정하면서, 위 대여금 채권의 담보로 앞서 본 바와 같이 이미 피담보채권이 변제된 乙 명의의 등기를 유용하기로 합의하였고, 2020. 1. 7. 丙에게 乙 명의 저당권 이전의 부기등기를 경료하여 주었다.

그 후 甲으로부터 X 부동산을 매수한 丁이 甲에 대한 이전등기청구권의 보전을 위하여 甲을 대위하여 丙을 상대로 위 저당권설정등기의 말소를 구하였다.[5] 丁의 청구는 인용될 수 있는가? 논거를 들어 판단하라.

I. 결론

丁의 청구는 인용되지 않는다.

II. 저당권 등기의 유용합의

부동산의 소유자 겸 채무자가 채권자인 저당권자에게 당해 저당권설정등기에 의하여 담보되는 채무를 모두 변제함으로써 저당권이 소멸된 경우(부종성), 그 저당권설정등기 또한 효력을 상실하여 말소되어야 한다.

그러나 그 부동산의 소유자가 새로운 제3의 채권자로부터 금원을 차용함에 있어 그 제3자와 사이에 새로운 차용금 채무를 담보하기 위하여 위 잔존하는 종전 채권자 명의의 저당권설정등기를 이용하여 이에 터잡아 새로운 제3의 채권자에게 저당권 이전의 부기등기를 경료하기로 하는 내용의 저당권등기 유용의 합의를 하고 실제로 그 부기등기를 경료하였다면, 그 저당권이전등기를 경료받은 새

---

5) 말소청구의 상대방 및 말소의 대상이 되는 등기에 대한 내용은 이 교재의 [제2문] 등
    기편의 설문 3 참조.

로운 제3의 채권자로서는 언제든지 부동산의 소유자에 대하여 위 등기 유용의 합의를 주장하여 저당권설정등기의 말소청구에 대항할 수 있다. 다만 그 저당권 이전의 부기등기 이전에 등기부상 이해관계를 가지게 된 자에 대하여는 위 등기 유용의 합의 사실을 들어 위 저당권설정등기 및 그 저당권 이전의 부기등기의 유효를 주장할 수는 없다(대판 1998. 3. 24. 97다56242*).

丁은 甲-乙-丙 간 저당권유용의 합의와 그 저당권 이전의 부기등기 후에 비로소 甲으로부터 X 부동산을 매수하였고 소유권이전 등기도 경료받지 아니하였다. 따라서 위 저당권등기 유용의 합의에 따른 저당권 이전의 부기등기가 경료되기 이전에 등기부상 이해관계를 가지게 된 자에 해당하지 않는다. 그렇다면 丙은 소유자 甲뿐 아니라 甲을 대위한 丁에 대해서도 위 저당권등기 유용의 합의를 주장하여 저당권설정등기의 말소청구에 대항할 수 있다. 丁의 청구는 인용되지 않는다.

---

3. 甲은 2018. 6. 1. 乙로부터 2억 원을 변제기를 1년 후로 정하여 차용하면서 같은 날 자기 소유의 A 토지에 관하여 乙을 위해 저당권을 설정하여 주었다. 한편 甲은 위 저당권설정 전인 2017. 2. 1. 丙으로부터 1억 원을 차용하면서 변제기를 2017. 8. 1.로 정하였으나, 위 기일이 지나도록 채무를 변제하지 아니하였고, 이에 丙은 2017. 10. 10. 甲 소유의 A 토지에 대하여 가압류를 신청하여 같은 달 20. 가압류기입등기를 마쳤다. 또한

甲은 2018. 5. 15. 丁으로부터 1억 원을 차용하면서 변제기를 2018. 9. 15.로 정하였으나, 위 기일이 지나도록 채무를 변제하지 아니하였고, 이에 丁은 2018. 10. 10. 甲 소유의 A 토지에 대하여 가압류를 신청하여 같은 달 20. 가압류기입등기를 마쳤다.

저당권자 乙은 甲이 변제기가 지나도록 채무를 변제하지 않자 2020. 6. 1. A 토지에 대해 저당권에 기한 임의경매를 신청하였고, 戊는 경매절차에서 매각대금을 납부하고 그 명의로 소유권이전등기를 마쳤다.

매각대금으로부터 집행비용을 공제한 비용이 2억 원인 경우 집행법원은 위 금액을 乙, 丙, 丁에게 어떻게 배당해야 하는가? (乙, 丙, 丁과의 관계에서 모두 이자 및 지연이자는 존재하지 않는 것으로 간주할 것)

I. 결론

乙에게 1억 5천만 원, 丙에게 5천만 원을 배당해야 하고, 丁에게 배당할 금액은 없다.

II. 논거

채무자 소유의 부동산에 가압류등기가 경료되면 처분금지효가 발생하므로(민사집행법 제291조, 제92조 제1항), 丙에 의한 가압류 등기 후 이루어진 이 사건 乙 명의의 저당권설정등기는 위 가압류의 처분

금지효에 반하여 효력이 없다. 다만, 가압류의 처분금지효는 그 집행
보전의 목적을 달성하는 데 필요한 범위 안에서 가압류채권자에 대
한 관계에서만 미친다는 것이 판례의 태도이므로(이른바 '개별상대효
설'), 저당권자 乙은 자신보다 먼저 가압류등기를 한 丙에 대해서는
자신의 저당권으로 대항할 수 없지만, 자기보다 나중에 가압류등기
를 한 丁에 대해서는 저당권의 효력을 주장할 수 있다.

그 결과 저당권보다 먼저 이루어진 가압류채권자와 저당권자 및
저당권설정등기 후 가압류 채권자 사이의 배당관계에 있어서 저당
권자는 선순위 가압류채권자에 대하여는 우선변제권을 주장할 수
없으므로 1차로 채권액에 따른 안분비례에 의하여 평등배당을 받은
다음, 우선변제권을 주장할 수 있는 후순위 가압류채권자와의 관계
에서 후순위 가압류채권자가 받을 배당액으로부터 자기의 채권액을
만족시킬 때까지 이를 흡수하여 배당받을 수 있다(대결 1994. 11. 29.
자 94마417).[6]

사안의 경우 乙, 丙, 丁의 채권액은 각 2억 원, 1억 원 및 1억 원
이므로, 매각대금 2억 원을 각 2:1:1의 비율로 안분배당한 금액, 즉
乙 1억 원, 丙 5천만 원, 丁 5천만 원 중에서 丁에게 할당된 5천만 원
은 저당권자인 乙에게 흡수된다. 결국 乙은 1억 5천만 원, 丙은 5천
만 원, 丁은 0원을 배당받는다.

---

6) 가등기담보권에 대하여 선순위 및 후순위 가압류채권이 있는 경우에, 그 순위에 관하
    여는 그 담보가등기권리를 저당권으로 보고 그 담보가등기가 경료된 때에 저당권설
    정등기가 행해진 것으로 보게 되므로 위 사안과 결론은 같다(대판 1992. 3. 27. 91다
    44407*).

4. 甲은 2018. 11. 乙로부터 2억 원을 차용하면서, 그 채무의 담보조로 X 토지상에 乙을 위한 채권최고액 3억 원의 근저당권을 설정하였다. 그런데 X 토지가 2019. 4. 공익사업을 수행하는 A에 의하여 수용(공용징수)되어 A가 법원에 甲을 피공탁자로 하여 보상금 2억 원을 공탁하였다. 乙이 X 토지에 대하여 가졌던 근저당권의 효력을 위 금전에 대하여 주장하기 위하여 어떤 조치를 취하여야 하는지 근거를 들어 설명하라.

I. 결론

甲이 위 공탁된 금전을 출급하기 전에 저당권자 乙이 위 공탁물 출급청구권에 대하여 압류하여야 한다.

II. 논거

저당권은 저당물의 멸실, 훼손 또는 공용징수로 인하여 저당권설정자가 받을 금전 기타 물건에 대하여도 이를 행사할 수 있다(제370조, 제342조 전단). 담보물권은 목적물의 교환가치의 취득을 목적으로 하는 권리이므로, 목적물이 그 교환가치를 구체화한 경우에 그 교환가치를 대표하는 것에 미치기 때문이다(물상대위성).

그런데 물상대위권을 행사하기 위해서는 저당권자가 대위물의 지급 또는 인도전에 압류하여야 한다(제370조, 제342조 후단). 저당권

자의 일반재산에 대한 우선권을 인정할 수 없으며, 특정성을 유지하기 위한 것이다.[7]

---

5. 甲은 2019. 6. 1. 그 소유의 X 부동산을 乙에게 당시의 시가에 따라 2억 원에 매도하였다. 甲은 乙로부터 같은 날 계약금 2,000만 원을 지급받고 2019. 8. 1. 중도금 8,000만 원을, 2019. 12. 1. 잔금 1억 원을 지급받기로 약정하였다. X 부동산에는 丙 명의의 근저당권이 설정되어 있었는데, 위 매매계약 당시 근저당의 피담보채무의 인수 여부에 대하여는 당사자 사이에 별다른 약정이 없었다. 乙이 잔대금지급기일이 경과하도록 위 잔대금 1억 원을 지급하지 않자, 甲은 乙에게 위 1억 원의 지급을 구하는 청구를 하였다.

　가. 乙은 甲의 청구에 대하여, 甲이 X 부동산에 대하여 경료된 丙 명의의 근저당권설정등기를 말소하고 소유권이전등기절차를 이행하기까지는 위 청구에 응할 수 없다고 동시이행의 항변을 하였다. 위 청구에 대한 법원의 판단은 어떤 내용이 될 것인가? 이유를 들어 설명하라.

---

7) 만약 타인이 압류하였다면 乙은 민사집행법 제247조에 따라 배당요구를 하여야 한다. 그러나 이 경우에도 그 배당요구의 종기는 제3채무자의 공탁사유 신고시까지로 제한된다(대판 1999. 5. 14. 98다62688∗).

나. 한편 乙은 甲의 청구에 대한 반소로서 甲을 피고로 하여, X 부동산에 경료된 丙 명의의 근저당권설정등기의 말소와 소유권이전등기절차의 이행을 구하였다. 甲은 乙의 반소청구에 대하여, 乙의 1억 원의 매매대금 지급의무와 상환하여 이행할 것을 항변하였다.

위 반소청구에 대한 법원의 판단은 어떤 내용이 될 것인가? 이유를 들어 설명하라.

5-가

I. 결론

법원은 "乙은 甲으로부터 위 근저당권설정등기에 대한 말소등기와 소유권이전등기를 받음과 상환으로, 甲에게 잔대금 1억 원을 지급하라"는 내용의 일부 인용 판결을 선고할 것이다.

II. 논거

매매계약에서 매수인의 대금지급의무와 매도인의 재산권이전의무는 동시이행의 관계에 있으므로(제568조 제2항), 매수인의 대금지급의무와 매도인의 소유권이전등기의무 등은 동시이행의 관계에 있다. 그런데 매매목적물에 제한이나 부담이 걸려 있는 경우에는 매수인의 재산권이전의무는 매매목적물의 제한이나 부담이 없는 완전한 소유권을 이전하여야 할 의무를 포함한다.[8)]

즉, 근저당권설정등기가 있는 부동산의 매매계약에 있어서는 매도인의 소유권이전등기의무와 아울러 근저당권설정등기의 말소의무도 매수인의 대금지급의무와 동시이행관계에 있다.[9)] 이때 근저당권설정등기의 말소의무에 관한 이행제공은 그 근저당채무가 변제되었다는 것만으로는 부족하고 근저당권설정등기의 말소에 필요한 서류까지도 준비함이 필요하다(대판 1979.11.13. 79다1562).

따라서 甲의 청구에 대한 乙의 동시이행항변은 타당하고, 법원은 甲의 청구에 대하여 乙의 소유권이전등기의무 및 근저당권설정등기말소의무와의 상환이행판결을 하여야 한다.

5-나

앞서 본 바와 같이 실체법적으로는, 甲이 X 부동산에 경료된 丙

---

8) 그러나 저당부동산의 매매에서 매수인이 저당권의 부담을 인수하면서 그 금액을 공제하기로 합의하는 등으로 당사자 사이의 특약이 있는 경우에는 저당권설정등기를 말소할 필요가 없다. 이에 대해서는 대판 2002. 5. 10. 2000다18578 참조.

9) 가압류등기가 있는 부동산의 매매계약에서도 매수인의 잔대금지급의무는 매도인의 소유권이전등기의무 및 가압류등기의 말소등기의무와 동시이행관계에 있고(대판 1991. 9. 10. 91다6368), 나아가 매수인이 가압류에 기한 경매를 막기 위하여 집행채권 등을 변제한 경우, 매수인의 대금지급의무와 매도인의 구상의무가 동시이행관계가 있다(대판 2001. 3. 27. 2000다43819).

명의의 근저당권설정등기를 말소하여 乙에게 소유권이전등기를 경료해 줄 의무가 있고, 이는 乙의 대금지급의무와 동시이행관계에 있다. 그러나 절차법적인 측면에서 위 근저당권설정등기의 말소의무자는 근저당권설정등기의 등기명의인인 근저당권자 丙이다(부동산등기법 제23조 제1항).

따라서 乙의 반소청구 중 甲으로 하여금 乙에 대하여 근저당권설정등기를 말소할 것을 명하는 부분은, 등기명의인(丙)이 아닌 자를 상대로 한 것으로서 피고적격이 없으므로 부적법하여 각하되어야 한다(대판 2000. 4. 11. 2000다5640, 대판 1992. 7. 28. 92다10173 등 참조). 그 나머지 반소청구는 甲으로 하여금, 乙으로부터 잔대금을 지급받음과 상환으로, 소유권이전등기를 하도록 명하는 범위 내에서 이유 있다.[10]

6. 甲은 2018. 11. 乙로부터 금원을 차용하면서, 그 채무의 담보조로 X 토지상에 乙을 위한 저당권을 설정하였고, 아울러 추후 건물신축을 위한 공사를 시작할 경우에는 사전에 乙의 동의를 받고 또한 건물이 완공되면 공동담보로 제공하겠다고 약정

---

10) 위 반소 판결의 주문은 다음과 같다.
  1. 피고(반소원고)의 반소 중 근저당권설정등기말소청구 부분을 각하한다.
  2. 원고(반소피고)는 피고(반소원고)로부터 1억 원을 지급받음과 동시에 피고(반소원고)에게 X 부동산에 관하여 2014. 6. 1. 매매를 원인으로 한 소유권이전등기절차를 이행하라.
  3. 피고(반소원고)의 나머지 반소청구를 기각한다.

한 바 있다.

그러나 甲은 2019. 10. 부터 위 차용금에 대한 이자의 지급을 지체하며 임의로 위 X 토지상에 甲 명의로 건축허가를 받아 건물신축을 위한 터파기공사를 개시하자 2019. 12. 乙은 甲에게 위 채무원리금의 지급을 요구함과 동시에 위 근저당권을 실행하겠다고 통지하였다(이하 각 설문은 독립적이다).

가. 그럼에도 불구하고 甲은 건축허가명의를 丙에게 이전하여 丙이 공사를 계속하였다. 乙은 丙에 대하여 물권적 청구권의 행사로서 공사중지를 구하였으나, 丙은 乙이 X 토지에 대한 사용·수익권이 없고, 건물이 완공되더라도 X 토지에 대하여 법정지상권(제366조)이 성립하는 것도 아니어서 丙의 청구는 그 자체로 이유 없다고 주장한다. 乙 청구의 타당 여부를 판단하라.

나. 乙이 X 토지에 대한 경매신청을 주저하고 있던 중에 건물이 완공되어 甲이 위 건물(이하 'Y 건물'이라 한다)의 소유권을 원시취득하였다. 乙은 X 토지, Y 건물에 대하여 일괄하여 경매를 신청하여 위 각 부동산의 경매대가로부터 저당권자로서 다른 일반채권자에 우선하여 배당을 받았다.

이에 대하여 甲은 Y 건물에 대하여는 乙이 저당권이 없으므로, Y 건물에 대한 경매신청 및 Y 건물의 매각대금으로부터의 배당은 적법하지 않다고 주장한다. 甲 주장의 당부를 판단하라.

6-가

저당권자는 저당물에 대한 사용·수익권은 없으나, 저당권 설정 이후 환가에 이르기까지 저당물의 교환가치에 대한 지배권능을 보유하고 있다. 그러므로 저당목적물의 소유자 또는 제3자가 저당목적물을 물리적으로 멸실·훼손하는 경우는 물론 그 밖의 행위로 저당부동산의 교환가치가 하락할 우려가 있는 등 저당권자의 우선변제 청구권의 행사가 방해되는 결과가 발생한다면 저당권자는 저당권에 기한 방해배제청구권(제370조, 214조)을 행사하여 방해행위의 제거를 청구할 수 있다.

또한 사안에서 저당권 설정 당시 건물이 존재하지 않았으므로 신축건물을 위한 법정지상권(제366조)이 성립하지 않는다고 할지라도, 경매절차에 의한 매수인으로서는 신축건물의 소유자로 하여금 이를 철거하게 하고 대지를 인도받기까지 별도의 비용과 시간을 들여야 하므로, 저당목적 대지상에 건물신축공사가 진행되고 있다면, 이는 경매절차에서 매수희망자를 감소시키거나 매각가격을 저감시켜 결국 저당권자가 지배하는 교환가치의 실현을 방해하거나 방해할 염려가 있는 사정에 해당한다(대판 2006. 1. 27. 2003다58454).

따라서 물권적 청구권인 저당권에 기한 방해배제청구권을 행사하여 丙에게 공사중지를 구하는 乙의 청구는 정당하다.

6-나

토지를 목적으로 한 저당권을 설정한 후 그 저당권설정자가 그 토지에 건물을 축조한 때에는 저당권자가 토지와 건물에 대하여 일괄하여 경매를 청구할 수 있다(제365조 본문). 사안은 위 요건을 충족하므로 乙은 X 토지뿐 아니라 그 지상의 甲 소유인 Y 건물까지 일괄하여 경매를 청구할 수 있다(대결 2001. 6. 13.자 2001마1632, 대판 2003. 4. 11. 2003다3850*).

다만, 제365조 단서에 의하면 그때 저당권자에게는 건물의 매각대금에 대하여 우선변제를 받을 권리가 없고, 위와 같은 경우 토지의 저당권자가 건물의 매각대금에서 배당을 받으려면 민사집행법 제268조, 제88조의 규정에 의한 적법한 배당요구를 하였거나 그 밖에 달리 배당을 받을 수 있는 채권으로서 필요한 요건을 갖추고 있어야 한다(대판 2012. 3. 15. 2011다54587).

따라서 乙이 X 토지와 일괄하여 Y 건물에 대하여 한 경매신청은 적법하다. 그러나 Y 건물에 대한 근저당권자는 아니므로 Y 건물의 경매대가로부터 다른 일반채권자에게 우선하여 배당받을 수는 없다. 甲의 주장은 위 한도 내에서 타당하다.

[본문 중의 표준판례]

대법원 1998. 3. 24. 선고 97다56242 판결 - 334.
: 저당권등기 유용의 합의에 따른 저당권 이전의 부기등기가 경료된 경
우의 법률관계

대법원 1994. 1. 25. 선고 93다16338 전원합의체 판결 - 335.
: 근저당권 설정 후 부동산 소유권이 이전된 경우 근저당권설정자인 종
전의 소유자도 피담보채무의 소멸을 이유로 근저당권설정등기의 말소를
청구할 수 있는지 여부(적극)

대법원 2006. 1. 26. 선고 2005다17341 판결 - 336.
: 후순위근저당권자가 민법 제364조의 저당권 소멸청구권을 행사할 수
있는 제3취득자에 해당하는지 여부(소극)

대법원 1992. 3. 27. 선고 91다44407 판결 - 339.
: 선순위 및 후순위 가압류채권이 있는 경우 경매에 의한 매득금의 배당
방법 등

대법원 1999. 5. 14. 선고 98다62688 판결 - 341.
: 저당권자의 물상대위권의 행사방법

대법원 2003. 4. 11. 선고 2003다3850 판결 - 343.

: 민법 제365조 소정의 일괄경매청구권의 취지 및 저당권설정자로부터 저당토지에 대한 용익권을 설정받은 자에 의하여 축조된 건물의 소유권을 저당권설정자가 취득한 경우 일괄경매청구가 허용되는지 여부(적극)

대법원 1999. 9. 21. 선고 99다26085 판결 – 344.
: 후순위 근저당권자가 경매를 신청한 경우, 선순위 근저당권자의 피담보채권액이 확정되는 시기(=경락대금 완납시)

[관련 표준판례]

대법원 2015. 2. 26. 선고 2014다21649 판결 – 210.
: 진정한 권리자가 아니었던 채무자 또는 물상보증인이 채무담보의 목적으로 채권자에게 부동산에 관하여 저당권설정등기를 경료해 준 후 그 부동산을 시효취득하는 경우, 저당목적물의 시효취득으로 저당권자의 권리가 소멸하는지 여부(소극)

대법원 2012. 3. 29. 선고 2011다74932 판결– 239.
: 부동산의 일부 공유지분에 관하여 저당권이 설정된 후 부동산이 분할된 경우, 분할된 각 부동산이 저당권의 공동담보가 되는지 여부(적극)

대법원 2016. 3. 10. 선고 2013다99409 판결 – 304.
: 근저당권자가 유치권 신고를 한 사람을 상대로 경매절차에서 유치권을 내세워 대항할 수 있는 범위를 초과하는 유치권의 부존재 확인을 구할

법률상 이익이 있는지 여부(적극)

대법원 2001. 3. 15. 선고 99다48948 전원합의체 판결 - 333.
: 부동산 매매대금의 지급을 담보하기 위하여 당사자 간의 합의에 의하여 소유권이전등기를 매수인에게 경료하지 않은 상태에서 목적 부동산 위에 근저당권자를 매도인이 지정하는 제3자로, 채무자를 매도인으로 하는 근저당권을 설정한 경우, 그 근저당권설정등기가 담보물권의 부수성(부종성)에 반하여 무효인지 여부(=제한적 유효)

대법원 2016. 7. 29. 선고 2016다13710, 13727 판결 - 338.
: 근저당권의 양도행위가 통정허위표시로된 경우, 이해관계 있는 제3자로서 무효를 주장할 수 있는 자의 범위

대법원 2016. 7. 27. 선고 2015다230020 판결 - 340.
: 저당부동산에 대한 압류 이후의 저당권설정자의 저당부동산에 관한 차임채권 등에 저당권의 효력이 미치는지 여부(적극)

대법원 2016. 10. 27. 선고 2014다211978 판결 - 342.
: 건물신축공사에서 하수급인의 수급인에 대한 민법 제666조에 따른 저당권설정청구권의 소멸시효기간 및 기산점

제16문

공동저당[1], 변제자대위[2]

1. A는 B로부터 2억 원을 차용하면서 자신 소유의 X 토지(시가 3억 원) 위에 저당권을 설정해 주었고, C에게 부탁하여 C 소유의 Y 토지(시가 2억 원)도 공동저당의 목적으로 제공해 두었다. 그 후 X 토지 위에는 D가 1억 원의 채권을 위하여, Y 토지 위에는 E가 2억 원의 채권을 위하여 각 2순위 저당권을 설정하였다(이자 및 지연손해금 등 기타 일체의 부수채무는 고려하지 않는다).

　가. A의 차용금상환 지연에 따라 B가 Y 토지를 먼저 경매하여 그 경매대가 2억 원으로부터 채권 2억 원 전부를 만족 받

---

1) 2013년 제2차 법전협 모의시험 제2문의2, 2016년 제58회 사법시험 민법 제3문 설문 1, 2018년 제3차 법전협 모의시험 제1문의1.

2) 2016년 제58회 사법시험 민법 제3문 설문1, 2016년 법전협 모의시험 제1문의1, 2015년 제3차 법전협 모의시험 제2문의 2, 2018년 제1차 법전협 모의시험 제2문의 1, 2018년 제2차 법전협 모의시험 제2문의 2.

았다. 이후 X 토지가 경매절차에 의하여 2억 원에 매각되고 C, D, E가 자신의 권리를 행사하기 위하여 필요한 조치를 다하였다고 할 때 배당금액은 종국적으로 어떻게 귀속되는지를 설명하고, 그 논거를 약술하라.

　나. (위 가. 와는 달리) 6개월 후 B는 X 토지에 대한 1순위 공동저당권을 포기하였고, 같은 날 위 공동저당권의 말소등기가 경료되었다. Y 토지가 경매절차에서 2억 원에 매각되었다면 그 매각대금은 어떻게 배분되는지를 이유를 들어 설명하라.

1-가

I. 결론

　배당금액 2억 원은 모두 E에게 귀속되고, C와 D는 아무런 배당을 받지 못한다.

II. 근거

　C는 물상보증인, D는 채무자 소유 부동산에 대한 후순위저당권자, E는 물상보증인 소유 부동산에 대한 후순위저당권자이다.

1. 물상보증인 C의 변제자대위

경매에 의하여 소유권을 상실한 C는 구상권(제370조에 의하여 준용되는 제341조)을 취득하고, 변제자대위(제481조)에 의하여 B의 권리인 X 토지에 대한 저당권을 대위행사할 수 있게 된다.

2. 후순위저당권자대위와의 충돌 – 제368조 제2항의 적용여부

이와 같은 경우에 공동저당에 따른 물상보증인의 변제자대위(제481조, 제482조)와 후순위저당권자 대위(제368조 제2항 후문)의 충돌을 어떻게 처리할지가 문제된다.

이 경우에 학설은 대립되나, 판례는 위 후순위저당권자의 대위는 저당의 목적물이 모두 채무자의 소유에 속하는 경우에만 인정된다는 변제자대위 우선설(대판 1994. 5. 10. 93다25417* 등)을 취한다. 위와 같은 판례의 논거는, 물상보증인은 변제자대위에 의하여 최종적인 책임을 채무자에게 귀속시킬 수 있는 권리를 기대하고 담보로 제공한 자인 반면, 후순위저당권은 본래 제368조 제2항에 의한 보호를 기대하지 않고 설정된 것이므로 나중에 물상보증인 소유의 부동산이 공동담보로 추가되는 등의 사정이 있다 하여 특히 대위에 의한 보호를 줄 필요가 없다는 것이다. 이에 따라 E로서는 제368조 제2항의 적용을 받지 못하므로 후에 B의 권리인 X 토지에 대한 저당권을 대위행사할 수 없다.

3. 후순위저당권자 E의 물상대위

위와 같이 E로서는 제368조 제2항의 적용을 받지는 못하지만, Y 부동산에 대한 B의 저당권 실행으로 소제주의에 의하여 E의 저당권도 소멸하였고, 그 대신 공동저당권의 목적인 X 부동산의 경매로 인하여 그 목적물에 갈음하는 금전이 위 변제자대위에 의하여 물상보증인 C에게 귀속하게 됨으로써 물상대위의 요건을 충족한다.

그렇다면, 물상보증인 C는 채무자 A 소유 X 부동산의 매각대금 2억 원에서 D보다 우선하여 대위취득한 B의 저당권으로부터 B의 채권액을 배당받을 수 있으나(따라서 D가 배당받을 금액은 없다), C 소유 부동산의 후순위저당권자인 E는 물상대위에 의하여 C에 대하여 우선변제권을 주장할 수 있다. 따라서 E가 물상대위를 위하여 배당금채권을 압류하는 등 자신의 권리행사를 위하여 필요한 조치를 다하였다면, E에게 위 2억 원이 전부 귀속된다(제370조, 제342조).

1-나

앞서 본 바와 같이 물상보증인 C는 채무자인 A에 대하여 구상권을 취득함과 동시에 변제자대위에 의하여 A 소유의 X 토지에 대한 선순위 공동저당권을 대위취득한다. 또한 물상보증인 C 소유 부동산에 대한 후순위 저당권자 E는 물상보증인 C가 대위취득한 채무자 A 소유의 X 토지에 대한 선순위 공동저당권에 대하여 물상대위를 할 수 있다.

그런데 B가 X 토지에 대한 1순위 공동저당권을 포기함으로써 자신의 채권에 대한 우선변제권을 행사하지 않은 것은, 선순위저당권을 대위할 기대권을 갖는 물상보증인 C에 대한 관계에서 담보의 순위를 불리하게 변경하여 담보를 상실 내지 감소시킨 행위이고(대판 2000. 12. 12. 99다13669), 위 담보상실 또는 감소에 대하여 B의 고의도 인정된다. 따라서 C는 민법 제485조에 의하여 보호되어, 위 담보의 상실 또는 감소로 인하여 상환을 받을 수 없는 한도에서 면책주장을 할 수 있다(대판 2017. 10. 31. 2015다65042). 그리고 이 경우 공동저당권자 B는 물상보증인 C 소유의 Y 토지에 관한 경매절차에서, C가 위와 같이 면책을 주장할 수 있는 한도에서는, Y 토지의 후순위 저당권자 E에 우선하여 배당받을 수 없다(대판 2017. 10. 31. 2015다65042, 대판 2018. 7. 11. 2017다292756*).[3]

사안에서 C는 B의 1순위 저당권에 대하여 물상대위를 하여 X 토지를 통해 자신의 채권 2억 원에 관하여 우선변제권을 확보할 수 있었다. 그런데 B가 X 토지 위의 1순위 저당권을 포기함으로써 C는 2억 원을 상환받을 수 없게 되고 E도 2억 원에 대하여 물상대위를 할 수 없게 되었다. 따라서 C는 위 2억 원의 한도에서 책임을 면하고, B로서는 위 2억 원의 한도에서 E에 우선하여 배당받을 수 없으므로 결국 E가 2억 원을 전액 배당받게 된다.

---

[3] 후순위저당권자에 대한 대위에 관한 기대의 침해로 파악할 수도 있다(대판 2011. 10. 13. 2010다99132 참조).

2. A는 B로부터 2억 원을 차용하면서 자신 소유의 X 토지(시가 3억 원) 위에 저당권을 설정해 주었다(아래 문제들은 독립적이며, 이자 및 지연손해금 등 기타 일체의 부수채무는 고려하지 않는다).

가. A의 B에 대한 위 2억 원의 차용금채무에 관하여는 X 토지에 관한 저당권 설정 외에 C가 보증채무를 부담하고 있었다. 그 후 A는 D로부터 1억 원을 차용하면서 X 토지 위에 후순위저당권을 설정해 주었다. A의 차용금상환 지연에 따라 B가 X 토지에 대한 저당권을 실행하려고 하자 D가 이를 피하기 위하여 B에게 A의 차용 원리금 전액을 변제해 주었다. D의 A, C에 대한 법률관계 및 그 논거를 설명하라.

나. B의 A에 대한 2억 원의 대여금채권에 관하여는 A 소유의 X 토지 외에 乙 소유의 Y 토지(시가 2억 원)에 대해서도 저당권이 설정되어 있었다. 그 후 위 X 토지의 부담을 그대로 안은 채 甲이 X 토지를 매수하였고, 乙은 Y 토지에 대한 B의 저당권 실행통지를 받자 위 2억 원의 채무 전액을 B에게 변제하였다. 이 경우에 乙은 甲에 대하여 어떤 권리를 어느 범위 내에서 행사할 수 있는지를 설명하라.

다. B의 A에 대한 2억 원의 대여금채권에 관하여는 A 소유의 X 토지 외에 E 소유의 Y 토지(시가 2억 원)와 H 소유의 Z 토지(시가 1.5억 원)에 대해서도 저당권이 설정되어 있었다. 만일 Y

토지가 경매절차에서 매각된 후 Z 토지에 대위의 부기등기가 이루어지지 않은 상태에서 H가 Z 토지를 G에게 매도하고 소유권이전등기를 경료해 주었다면 E는 G에게 어떠한 청구를 할 수 있는가?

2-가

I. D와 채무자 A의 법률관계

1. 구상권

후순위저당권자 D는 대위변제로 인하여 A의 B에 대한 차용금채무를 소멸시켰다.

이와 같이 후순위저당권자가 그가 담보로 취득한 부동산 소유자의 채무를 소멸시켰을 경우에 그 소유자에 대하여 구상권을 인정하고 있는 명문의 규정은 없다. D는 B에 대해서는 물론, A에 대해서도 하등의 채무를 부담하지 않는다. 위 상황은 채무자 A의 위탁이 없었음에도 불구하고 의무 없이 A의 차용금상환이라는 사무를 처리한 경우에 해당한다(제734조).

따라서 사무관리의 법리에 따라 D는 A에 대하여 자신이 출재한 차용원리금 전액을 구상할 수 있다(제739조).

2. 변제자대위

만일 D가 A를 위하여 B에게 변제하지 않으면 X 부동산의 1번 저당권자인 B의 저당권 실행에 의하여 자신의 저당권을 상실당하는 지위에 있게 된다. 이와 같이 X 부동산의 후순위저당권자인 D는 A의 B에 대한 채무를 변제할 정당한 이익이 있는 자이므로, 제481조에 의하여 변제로 당연히 채권자 B를 대위한다.

그리고 위와 같이 채권자 B를 대위하는 D로서는 채권자 B가 A의 X 토지 위에 갖는 1번 저당권을 대위행사할 수 있으므로(제482조 제1항), D가 A에 대하여 가지는 구상금 채권의 범위 안에서 B의 저당권을 행사할 수 있다.

II. D와 보증인 C의 법률관계

위에서 본 바와 같이 D는 A의 채무를 대위변제함으로써 채권자 B의 권리를 취득한다. 대위변제로 취득하는 권리에는 원칙적으로 인적 담보도 포함되는데, 후순위저당권자가 선순위저당권의 피담보채무에 대하여 보증채무를 부담하는 자에 대해서 변제자대위를 주장할 수 있는지에 대해서는 제482조 제2항에서 규정하는 바가 없어 사안에서 D가 C에 대해서도 변제자대위를 주장할 수 있는지가 문제된다.

판례에 따르면 이러한 경우에도 변제자대위를 인정하는데, 그 이유는 후순위저당권자는 선순위저당권의 피담보채무에 대하여 직접 변제책임을 지지 않는 반면, 보증인은 선순위저당권의 피담보채무에 대하여 직접 보증책임을 지기 때문이다. 또한 제482조 제2항 제1호와 제2호에서 규정하고 있는 제3취득자와 보증인 간의 이익상황을 비교하여 볼 때 제364조에서 정한 저당권소멸청구권을 행사할 수 있는 제3취득자에 해당하지 아니하고 달리 선순위저당권의 실행으로부터 그의 이익을 보호하는 규정이 없어, 변제자대위와 관련하여 후순위저당권자보다 보증인을 더 보호할 이유도 없기 때문이다 (대판 2013. 2. 15. 2012다48855*).

따라서 D는 A에 대한 구상권의 범위 내에서 C에게 보증책임을 물을 수 있다.

2-나

I. 결론

乙로서는 B가 甲에 대하여 가지는 저당권을 출재 전액(2억 원)의 범위 내에서 대위행사할 수 있다.

II. 근거

사안에서는 변제자대위에 있어서 물상보증인 乙과 제3취득자 甲 간의 관계가 문제된다.

변제자대위에 관한 제482조 제2항에는 보증인과 제3취득자 (1호, 2호), 보증인과 물상보증인(5호) 간에 있어서는 우열을 정하고 있으나, 물상보증인과 제3취득자 간의 관계에 대한 명확한 규정은 없다. 그러나 물상보증인을 보증인과 마찬가지로 취급하는 것이 상당하다(대판 2014. 12. 18. 2011다50233 전합*). 물상보증인도 보증인과 마찬가지로 채무자에 대한 구상권이 있고(제370조, 제341조), 변제자대위에 있어서도 물상보증인과 보증인 상호간의 우열이 없기 때문이다(제482조 제2항 제5호).

만일 이와는 달리, 물상보증인의 지위를 보증인과 다르게 보아서 물상보증인과 채무자로부터 담보부동산을 취득한 제3자 상호간에는 각 부동산의 가액에 비례하여 채권자를 대위할 수 있다고 한다면, 본래 채무자에 대하여 출재한 전액에 관하여 대위할 수 있었던 물상보증인은 채무자가 담보부동산의 소유권을 제3자에게 이전하였다는 우연한 사정으로 이제는 각 부동산의 가액에 비례하여서만 대위하게 되는 반면, 당초 채무 전액에 대한 담보권의 부담을 각오하고 채무자로부터 담보부동산을 취득한 제3자는 그 범위에서 뜻하지 않은 이득을 얻게 되어 부당하다.

그렇다면 제482조 제2항 제1호의 경우와 마찬가지로 물상보증인은 제3취득자에 대하여 채권자를 대위할 수 있다. 위 제1호는 '미리' 부기등기를 하여야 한다고 규정하고 있으나, 변제 후 제3취득자의 취득 전이라는 의미로 해석하되 변제 전에 이미 제3취득자가 존재하는 경우에는 위 요건이 필요하지 않는다.

2-다

I. 결론

E가 변제 후 Z 토지에 대하여 대위의 부기등기를 하지 않은 상태에서 G가 소유권을 취득하였으므로, E는 Z 토지의 제3취득자 G에게 채권자를 대위한 근저당권자로서의 권리를 행사할 수 없다.

II. 근거

물상보증인이 채무를 변제한 뒤 다른 물상보증인 소유부동산에 설정된 근저당권설정등기에 관하여 대위의 부기등기를 하여 두지 아니하고 있는 동안에 제3취득자가 위 부동산을 취득하였다면, 대위변제한 물상보증인은 제3취득자에 대하여 채권자를 대위할 수 없다.

타인의 채무를 변제하고 채권자를 대위하는 대위자 상호간의 관계를 규정한 민법 제482조 제2항 제5호 단서에서 대위의 부기등기에 관한 제1호의 규정을 준용하도록 규정한 취지는, 자기의 재산을 타인의 채무의 담보로 제공한 물상보증인이 수인일 때 그중 일부의 물상보증인이 채무의 변제로 다른 물상보증인에 대하여 채권자를 대위하게 될 경우에 미리 대위의 부기등기를 하여 두지 아니하면 채무를 변제한 뒤에 그 저당물을 취득한 제3취득자에 대하여 채권자를 대위할 수 없도록 하려는 것이라고 해석되기 때문이다(대판 1990. 11. 9. 90다카10305*).

3. 甲은 X 토지 및 X 토지상 A 건물의 소유자이다. 甲은 乙로부터 금원을 차용하면서 乙에게 X 토지 및 그 지상 A 건물에 대한 공동저당권을 설정해 주었다.

그 후 甲은 임의로 X 토지상의 A 건물을 헐고 그 자리에 B 건물의 신축공사를 시행하여 독립된 건물의 실체를 갖추게 될 무렵, 乙의 저당권 실행으로 X 토지 및 A 건물에 대하여 경매신청절차가 개시되었다. 그러나 A 건물에 대해서는 해당 건물이 철거되었다는 이유로 A 건물에 대해서는 경매신청이 취소되었고, X 토지에 대해서는 경매절차가 진행되어 丙이 X 토지를 경락받아 대금을 완납하였다.

丙은 甲을 상대로 B 건물의 철거 및 X 토지의 인도를 구하였다. 丙의 청구는 인용될 것인지를 판단하되, 이유를 설명하라.

I. 문제의 소재

사안에서 丙은 경매절차에서 적법하게 X 토지의 소유권을 취득한 자로서, 丙의 청구는 소유권에 기한 방해배제(제214조) 및 소유물반환청구(제213조)에 해당한다.

이에 대해서는 甲에게 X 토지를 점유할 권원이 있다면 丙의 청구는 기각될 것인데, 특히 乙의 저당권 설정 당시에 X 토지와 B 건물이 공히 甲의 소유였고 경매로 인하여 양자의 소유자가 달라지게 되었으므로, 제366조에 기한 법정지상권이 성립하는지가 문제된다.

II. 제366조 법정지상권의 성부

이 사안은 공동저당권이 설정된 후 그 지상 건물이 철거되고 새로 건물이 신축되었다는 특징이 있다. 이 경우에 토지의 저당권자에게 신축건물에 관하여 토지의 저당권과 동일한 순위의 공동저당권을 설정해 주는 등 특별한 사정이 없는 한, 저당물의 경매로 인하여 토지와 그 신축건물이 다른 소유자에 속하게 되더라도 그 신축건물을 위한 법정지상권은 성립하지 않는다고 해석된다.

처음부터 지상 건물로 인하여 토지의 이용이 제한받는 것을 용인하고 토지에 대하여만 저당권을 설정하여 법정지상권의 가치만큼 감소된 토지의 교환가치를 담보로 취득한 경우와는 달리, 공동저당권자는 토지 및 건물 각각의 교환가치 전부를 담보로 취득한 것으로서, 저당권의 목적이 된 건물이 그대로 존속하는 이상은 건물을 위한 법정지상권이 성립해도 그로 인하여 토지의 교환가치에서 제외된 법정지상권의 가액 상당 가치는 법정지상권이 성립하는 건물의 교환가치에서 되찾을 수 있어 궁극적으로 토지에 관하여 아무런 제한이 없는 나대지로서의 교환가치 전체를 실현시킬 수 있다고 기대한다. 그러나 건물이 철거된 후 신축된 건물에 토지와 동순위의 공동저당권이 설정되지 아니하였는데도 그 신축건물을 위한 법정지상권이 성립한다고 해석하게 되면, 공동저당권자가 법정지상권이 성립하는 신축건물의 교환가치를 취득할 수 없게 되는 결과 법정지상권의 가액 상당 가치를 되찾을 길이 막혀 위와 같이 당초 나대지로서의 토지의 교환가치 전체를 기대하여 담보를 취득한 공동저당권자에게 불측의 손해를 입게 하기 때문이다(대판 2003. 12. 18. 98다43601 전합*).

III. 결론

따라서 甲은 X 토지에 대하여 제366조에 의한 법정지상권을 취득하지 못한다. 丙의 청구는 인용된다.

[본문 중의 표준판례]

대법원 2003. 12. 18. 선고 98다43601 전원합의체 판결 - 345.
: 동일인 소유의 토지와 그 지상 건물에 관하여 공동저당권이 설정된 후 그 건물이 철거되고 다른 건물이 신축된 경우, 저당물의 경매로 인하여 토지와 신축건물이 서로 다른 소유자에게 속하게 되면 민법 제366조 소정의 법정지상권이 성립하는지 여부(소극)

대법원 1994. 5. 10. 선고 93다25417 판결 - 346.
: 공동저당에 있어서 후순위저당권자의 대위와 물상보증인의 변제자대위가 충돌하는 경우의 법률관계의 우선순위

대법원 2018. 7. 11. 선고 2017다292756 판결 - 349.
: 채무자 소유 부동산과 물상보증인 소유 부동산에 공동근저당권을 설정한 채권자가 공동담보 중 채무자 소유 부동산에 대한 담보 일부를 포기하거나 순위를 불리하게 변경하여 담보를 상실하게 하거나 감소하게 한 경우, 물상보증인이 그로 인하여 상환받을 수 없는 한도에서 책임을 면하는지 여부(적극) 및 이 경우 공동근저당권자가 나머지 공동담보 목적물인 물상보증인 소유 부동산에 관한 경매절차에서, 물상보증인이 담보 상실 내지 감소로 인한 면책을 주장할 수 있는 한도에서 물상보증인 소유 부동산의 후순위 근저당권자에 우선하여 배당받을 수 없는지 여부(적극)

대법원 2014. 12. 18. 선고 2011다50233 전원합의체 판결 - 496.

: 채무자로부터 담보부동산을 취득한 제3자가 채무를 변제하거나 담보권의 실행으로 소유권을 잃은 경우, 물상보증인에 대하여 채권자를 대위할 수 있는지 여부(소극)

대법원 2013. 2. 15. 선고 2012다48855 판결 - 496.

: 민법 제482조 제2항 제1호와 제2호에서 보증인에게 대위권을 인정하면서도 제3취득자는 보증인에 대하여 채권자를 대위할 수 없다고 규정한 취지 및 민법 제482조 제2항 제2호의 제3취득자에 후순위 근저당권자가 포함되는지 여부(소극)

대법원 1990. 11. 9. 선고 90다카10305 판결 - 499.

: 채무를 대위변제한 물상보증인이 다른 물상보증인 소유의 부동산에 설정된 근저당권설정등기에 관하여 대위의 부기등기를 하지 아니하고 있는 동안에 제3취득자가 위 부동산을 취득한 경우 대위변제한 물상보증인이 제3취득자에 대하여 채권자를 대위할 수 있는지 여부(소극)

[관련 표준판례]

대법원 2015. 3. 20. 선고 2012다99341 판결 - 337.

: 공동저당의 목적부동산 중 먼저 경매된 부동산의 후순위저당권자가 다른 부동산에 공동저당의 대위등기를 하지 아니하고 있는 사이에 선순위저당권자 등에 의해 그 부동산에 관한 저당권등기가 말소된 경우, 그 상태에서 그 부동산에 관하여 소유권이나 저당권 등 새로 이해관계를 취득

한 제3취득자에 대하여 후순위저당권자가 민법 제368조 제2항에 따른 대위를 주장할 수 있는지 여부(소극)

대법원 2017. 4. 26. 선고 2014다221777, 221784 판결 – 347.
: 공동저당에 제공된 채무자 소유의 부동산과 물상보증인 소유의 부동산 가운데 물상보증인 소유의 부동산이 먼저 경매되어 매각대금에서 선순위공동저당권자가 변제를 받은 경우, 채무자가 물상보증인에 대한 반대채권으로 물상보증인의 구상금 채권과 상계함으로써 물상보증인 소유의 부동산에 대한 후순위저당권자에게 대항할 수 있는지 여부(원칙적 소극)

대법원 2017. 12. 21. 선고 2013다16992 전원합의체 판결 – 348.
: 공동근저당권자가 공동담보의 목적 부동산 중 일부로부터 다른 권리자에 우선하여 배당받은 경우, 공동담보의 나머지 목적 부동산에 대한 경매 등의 환가절차에서는 최초의 채권최고액에서 우선 변제받은 금액을 공제한 나머지 채권최고액으로 우선변제권의 범위가 감축되는지 여부(적극)

제17문

전세권저당권[1]

1. 甲은 2015. 12. 10. 그 소유인 X 점포에 관하여 乙과 전세금 2억 원, 기간 2016. 1. 10.부터 2018. 1. 9.까지로 정하여 전세권설정계약을 체결하고 2016. 1. 10. 전세금을 받은 다음 乙에게 X 점포를 인도하고 전세권설정등기를 마쳐주었다. 한편 乙은 2017. 2. 10. 丙으로부터 2억 원을 차용하고 丙에게 위 전세권에 저당권을 설정하여 주었다(이자나 지연손해금은 발생하지 않는 것으로 함). 이하 각 문제는 독립적이다.

    가. 乙은 전세 기간 만료일인 2018. 1. 9. 甲에게 X 점포를 인도하면서 전세금 반환을 요구하였고 甲은 그날 乙에게 전세금

1)   2014년 제2차 법전협 모의시험 제2문, 2015년 제4회 변호사시험 제1문의 2, 2016년 제2차 법전협 모의시험 제2-1문 설문 2 및 설문3, 2018년 제3차 법전협 모의시험 제2문의 1, 2019년 제8회 변호사시험 제2문의 2.

일부 반환 명목으로 8천만 원을 지급하였다. 乙의 일반 채권자 A는 2018. 1. 15. 법원으로부터 위 전세금반환채권 2억 원에 대해 압류·추심명령을 받았고 그 명령이 같은 해 1. 20. 甲에게 송달되었다. 丙도 같은 해 1. 22. 전세권저당권에 기해 법원으로부터 전세금반환채권 2억 원에 대해 압류·전부명령을 받았는데, 그 명령이 같은 해 1. 25. 甲에게 송달되고 그 무렵 확정되었다.

丙과 A가 각각 전세금반환채권에 관해 甲에게 얼마의 범위에서 권리를 주장할 수 있는지를 설명하라.

나. 乙은 2017. 5. 10. 전세기간 만료 후 발생할 甲에 대한 전세금반환채권 2억 원을 丁에게 양도하는 내용의 계약을 체결하고, 같은 달 15. 그와 같은 취지를 확정일자 있는 증서로 甲에게 통지하여 다음 날 도달하였다. 한편 위 전세기간이 종료한 후 丙은 위 전세금반환채권에 대하여 물상대위권에 기초하여 압류 및 추심명령을 받았다. 甲은 전세금을 丙과 丁 중 누구에게 반환하여야 하는가?

다. 전세기간 만료 후 丙이 적법하게 법원으로부터 압류·전부명령을 받아 확정된 전세금반환채권에 기하여 전부금의 지급을 구하자, 甲은 2015. 12. 15. 乙에게 대여한 변제기 2017. 10. 14. 5천만 원의 대여금채권을 자동채권으로, 위 전세금반환채권을 수동채권으로 하여 상계한다는 의사를 표시하였다. 甲이 위 상계로 丙에게 대항할 수 있는지를 설명하라.

1-가

I. 결론

丙은 甲에게 1억 2천만 원의 범위 내에서 권리를 주장할 수 있고, A는 아무런 권리를 주장할 수 없다.

II. 근거

1. 전세권설정자 甲이 전세권자 乙에게 지급한 8천만 원의 변제가 유효한지

전세권에 대하여 저당권이 설정된 경우 그 저당권의 목적물은 물권인 전세권 자체이지 전세금반환채권은 그 목적물이 아니고, 전세권의 존속기간이 만료되면 전세권은 소멸하므로 더 이상 전세권 자체에 대하여 저당권을 실행할 수 없게 된다. 이러한 경우에 저당권자로서는 민법 제370조, 제342조 및 민사집행법 제273조에 의하여 저당권의 목적물인 전세권에 갈음하여 존속하는 것으로 볼 수 있는 전세금반환채권에 대하여 압류 및 추심명령 또는 전부명령을 받거나 제3자가 전세금반환채권에 대하여 실시한 강제집행절차에서 배당요구를 하는 등의 방법으로 자신의 권리를 행사하여 비로소 전세권설정자에 대해 전세금의 지급을 구할 수 있게 된다(대판 2008. 3. 13. 2006다29372, 29389*). 따라서 전세권에 있어서 전세권설정자로

서는 전세금반환채권에 대한 제3자의 압류 등이 없는 한, 전세권자
에게 전세금을 지급함으로써 전세금반환의무의 이행을 다하는 것이
다(대판 1999. 9. 17. 98다31301*, 대판 2008. 3. 13. 2006다29372).

　사안에서 전세권 존속기간이 만료된 후 전세권설정자 甲이 전
세권자 乙에게 8천만 원을 지급한 후에 비로소 위 전세금반환채권
에 대하여 일반채권자 A의 압류·추심명령과 전세권저당권자 丙의
압류·전부명령이 송달되었다. 따라서 전세권설정자 甲이 위 乙에게
지급한 8천만 원의 변제는 유효하다.

2. 전세권저당권자 丙과 일반채권자 A의 우열

　전세권저당권에는 물상대위성이 있으므로 저당목적물의 변형물
인 금전 기타 물건에 대하여 일반 채권자가 물상대위권을 행사하려
는 저당채권자보다 단순히 먼저 압류·가압류의 집행을 함에 지나지
않는 경우에는 저당권자는 그 전은 물론 그 후에도 목적물에 대하여
물상대위권을 행사하여 일반채권자보다 우선변제를 받을 수 있다(대
판 1994. 11. 22. 94다25728).

　따라서 2017. 2. 10. 전세저당권을 취득한 丙으로서는 위 전세
권 소멸 후 남게 되는 대용물인 전세금 1억 2천만 원에 물상대위권
을 행사할 수 있다. 다만, 위 금원이 전세권자나 일반채권자 등에게
지급되기 전에 압류하여야 한다(제370조, 제342조).

3. 사안에의 적용

앞서 본 바와 같이 전세권설정자 甲이 전세권자 乙에게 지급한 8천만 원의 변제는 유효하고, 丙은 2017. 2. 10. 전세저당권을 취득한 자로서 전세권이 소멸한 후 나머지 전세금 1억 2천만 원에 물상대위할 수 있다. A의 압류·추심명령은 전세권존속기간만료(2018. 1. 9.) 후인 2018. 1. 20. 송달되어 비로소 효력이 발생하였으며, A가 추심을 하지 아니하던 중에 丙이 받은 압류·전부명령이 확정되어 위 전세금반환채권은 丙에게 이전되었다(민사집행법 제229조 제3항).[2]

따라서 丙으로서는 甲에게 1억 2천만 원의 범위 내에서 권리를 주장할 수 있는 반면, A로서는 아무런 권리를 주장할 수 없다.

1-나

I. 논점

전세권 존속 중에 이루어진 전세금반환채권 양도의 효력, 전세금

---

2) 민사집행법에 따르면 압류한 금전채권에 대하여 압류채권자는 추심명령(推尋命令)이나 전부명령(轉付命令)을 신청할 수 있다(제229조 제1항). 추심명령이 있는 때에는 압류채권자는 대위절차(代位節次) 없이 압류채권을 추심할 수 있다(제229조 제2항). 전부명령이 있는 때에는 압류된 채권은 지급에 갈음하여 압류채권자에게 이전된다(제229조 제3항).

반환채권의 양수인과 전세금반환채권에 대한 물상대위권에 기초하여 압류 및 전부명령을 받은 전세권저당권자 간의 우열이 문제된다.

Ⅱ. 논거

전세권자는 전세금을 지급하고 타인의 부동산을 점유하여 그 부동산의 용도에 좇아 사용·수익하며, 그 부동산 전부에 대하여 후순위권리자 기타 채권자보다 전세금의 우선변제를 받을 권리가 있다(제303조). 전세금은 전세권과 분리될 수 없는 요소일 뿐 아니라, 전세권에 있어서는 그 설정행위에서 금지하지 아니하는 한 전세권자는 전세권 자체를 처분하여 전세금으로 지출한 자본을 회수할 수 있도록 되어 있으므로 전세권이 존속하는 동안은 전세권을 존속시키기로 하면서 전세금반환채권만을 전세권과 분리하여 확정적으로 양도하는 것은 허용되지 않는다. 다만 전세권 존속 중에는 장래에 그 전세권이 소멸하는 경우에 전세금반환채권이 발생하는 것을 조건으로 그 장래의 조건부 채권을 양도할 수는 있다(대판 2002. 8. 23. 2001다69122*).[3]

사안에서 乙의 전세금반환채권의 양도는 위와 같은 조건부 양도

---

3)   한편, 전세권의 존속기간이 경과하여 본래의 용익물권적 권능이 소멸하고 담보물권적 권능만 남은 경우에도 그 피담보채권인 전세금반환채권과 함께 제3자에게 이를 양도할 수 있다. 그러나 이 경우에는 민법 제450조 제2항 소정의 확정일자 있는 증서에 의한 채권양도절차를 거치지 않는 한 위 전세금반환채권의 압류·전부 채권자 등 제3자에게 위 전세보증금반환채권의 양도사실로써 대항할 수 없다(대판 2005. 3. 25. 2003다35659*).

로서 유효하고, 민법 제450조가 정한 채권양도의 대항요건도 갖추었다. 따라서 위 양도사실로서 채무자 甲 및 제3자에 대하여도 대항력이 있다.

　그런데 제3자인 丙과의 우열은 丙의 전세권저당권설정일자와 丁에 대한 채권양도사실이 확정일자 있는 증서에 의하여 甲에게 도달한 일자의 선후에 따라야 할 것인바, 丙의 전세권저당권설정일인 2017. 2. 10. 이 丁에 대한 양도통지일자인 2017. 5. 16.보다 빠르다. 따라서 저당권자인 丙이 우선한다.

Ⅲ. 결론

　따라서 甲은 전세금 2억 원을 丙에게 반환하여야 한다.

1-다

Ⅰ. 결론

甲의 상계항변은 타당하다.

Ⅱ. 근거

전세권을 목적으로 한 저당권이 설정된 후 전세권의 존속기간이 만료되어 전세권저당권자가 저당권의 목적물인 전세권에 갈음하여 존속하는 것으로 볼 수 있는 전세금반환채권에 대하여 압류 및 전부명령을 받는 등으로 물상대위권을 행사한 경우, 종전 저당권의 효력은 물상대위의 목적이 된 전세금반환채권에 존속하여 저당권자가 전세금반환채권으로부터 다른 일반채권자보다 우선변제를 받을 권리가 있다. 따라서 설령 전세금반환채권이 압류된 때에 전세권설정자가 전세권자에 대하여 반대채권을 가지고 있고 반대채권과 전세금반환채권이 상계적상에 있다고 하더라도 그러한 사정만으로 전세권설정자가 전세권저당권자에게 상계로써 대항할 수는 없다.

그러나 전세금반환채권은 전세권이 성립하였을 때부터 이미 발생이 예정되어 있다고 볼 수 있으므로, 전세권저당권이 설정된 때에 이미 전세권설정자가 전세권자에 대하여 반대채권을 가지고 있고 반대채권의 변제기가 장래 발생할 전세금반환채권의 변제기와 동시에 또는 그보다 먼저 도래하는 경우와 같이 전세권설정자에게 합리적 기대 이익을 인정할 수 있는 경우에는 특별한 사정이 없는 한 전세권설정자는 반대채권을 자동채권으로 하여 전세금반환채권과 상계함으로써 전세권저당권자에게 대항할 수 있다(대판 2014. 10. 27. 2013다91672*).

사안에서 전세권설정자 甲의 전세권자 乙에 대한 채권은 위 전세권저당권이 설정된 2017. 2. 10. 전인 2015. 12. 15.에 이미 발생하였고, 그 변제기가 2017. 10. 14.로서 위 전세금반환채권의 변제기인 2018. 1. 9.보다 먼저 도래하였으므로 甲의 상계항변은 타당하다.

[본문 중의 표준판례]

대법원 2005. 3. 25. 선고 2003다35659 판결 - 295.
: 전세권설정등기를 마친 민법상의 전세권을 존속기간 만료 후에 양도할
수 있는지 여부(적극) 및 그 대항요건

대법원 2002. 8. 23. 선고 2001다69122 판결 - 297.
: 전세권이 존속하는 동안에 전세권을 존속시키기로 하면서 전세금반환
채권만을 전세권과 분리하여 확정적으로 양도할 수 있는지 여부(소극)

대법원 2008. 3. 13. 선고 2006다29372, 29389 판결 - 299.
: 전세권의 존속기간 만료 후 그 전세권에 설정되어 있던 저당권을 실행
하는 방법 및 그 실행의 효과/ 전세권설정자가 전세권자에 대하여 민법
제315조의 손해배상채권 외 다른 채권을 가지고 있는 경우, 전세금반환
채권에 대하여 물상대위권을 행사한 전세권저당권자에게 상계 등으로
대항할 수 있는지 여부(소극)

대법원 1999. 9. 17. 선고 98다31301 판결 - 300.
: 전세권에 대하여 저당권이 설정되어 있는데 전세권이 기간만료로 종료
된 경우, 전세금반환채권에 대한 제3자의 압류 등이 없는 한 전세권설정
자는 전세권자에 대하여만 전세금반환의무를 부담하는지 여부(적극) 및
그 저당권의 실행 방법

대법원 2014. 10. 27. 선고 2013다91672 판결 - 302.

: 전세권저당권자가 전세금반환채권에 대하여 물상대위권을 행사한 경우, 전세권설정자가 전세권자에 대한 반대채권으로 전세권저당권자에게 상계로써 대항할 수 있는지 여부(한정 적극)

[관련 표준판례]

대법원 1997. 11. 25. 선고 97다29790 판결 - 297.

: 전세금반환채권을 전세권과 분리하여 양도할 수 있는지 여부(한정 적극)

제18문

비전형담보물권
– 양도담보,[1] 가등기담보

1. B는 A가 제조하는 기계 1대를 대금 1억 원에 공급받아 판매하기로 약정하되 소유권은 대금의 완납이 있을 때까지 위 A에게 유보하기로 약정하고 그 기계를 현실인도받았다. 그런데 B는 그 대금을 완제하기 전에 F로부터 신용대출을 얻고 그 기계 1대를 F에게 양도담보로 제공하고 F는 점유개정의 방법으로 인도받았다. 이때 B는 자신을 그 기계의 소유자라고 하였다.

그 후 B는 위 기계의 정비를 C에게 의뢰하여 C는 위 기계를 B로부터 인도받아 보관하고 있었다. D에게 3억 원 상당의 채무를 지고 있던 B는 그 중 1억 원 상당을 변제할 수 없게 되자 변제에 갈음하여 C가 보관 중이던 위 기계를 D에게 양도하기로 약정하고 같은 날 C에게 위 양도사실을 통지한 후 다음

---

1) 2014년 제56회 사법시험 민법 제3문, 2017년 제2차 법전협 모의시험 제1문의 1.

날 부도를 내고 도산하였다.

A, D 및 F는 각각 자신이 위 기계의 소유자임을 주장한다. 그 주장의 당부를 논하라.

I. A-B 간의 소유권유보부매매의 효력

소유권유보부매매에서 매매목적물의 소유권은 매도인에게 유보되어 있는 것이고 매매대금의 완급이라는 정지조건이 성취되어야만 소유권이 매수인에게 이전되는 것이다(대판 1999. 9. 7. 99다30524).[2]

사안에서 B의 매매대금완납이 없는 이상, B가 기계를 현실인도 받았다고 하더라도 기계의 소유권은 A에게 유보되어 있다. 따라서 일응 A의 소유권 주장은 이유 있다. 다만, D, F가 기계의 소유권을 선의취득하는 경우에는 일물일권주의에 따라 A가 소유권을 상실할 수 있으므로 아래에서는 D, F의 선의취득 가능성에 대하여 본다.[3]

II. F가 점유개정에 의한 인도로 기계를 선의취득할 수 있는지 여부

B는 기계의 소유권이 A에게 있음에도 기계를 F에게 양도담보로

---

2) 소유권유보부매매에 대한 보다 자세한 내용은 이 교재의 [제4문]의 설문 2 참조.

3) 선의취득에 대한 보다 자세한 내용은 이 교재의 [제4문]의 설문 1 참조.

제공한 후 점유개정에 의하여 이를 인도해주었다.

　동산의 양도담보는 그 동산의 소유권이 신탁적으로 이전되는 계약으로 대외적인 관계에서는 양도담보권자가 동산의 소유권을 보유하는 것이지만, 양도담보 설정자가 무권리자인 경우에는 원칙적으로 해당 동산에 대한 소유권을 취득할 수 없다(대판 2005. 2. 18. 2004다37430 참조).[4] 다만, 양도담보권자가 선의취득(제249조)의 요건을 충족하는 경우에는 해당 동산에 대한 소유권을 취득할 수는 있지만, 점유개정에 의한 인도로 동산을 선의취득할 수 없다(대판 1978.1.17. 77다1872, 대판 2004. 10. 28. 2003다30463).[5]

　F는 무권리자로부터 점유개정에 의하여 점유를 취득하였으므로, 선의취득의 나머지 조건에 대해서는 살펴볼 필요 없이 기계의 소유권자가 될 수 없다. 따라서 F의 소유권 주장은 이유 없다.

---

4)　한편 양도담보의 법적 구성을 소유권이전이라는 형식이 아닌, 담보권의 실질에 따라 담보물권으로 파악하는 판례도 있다. 대판 2001. 1. 5. 2000다47682 (채무의 담보를 위하여 채무자가 자신의 비용과 노력으로 신축하는 건물의 건축허가명의를 채권자 명의로 한 경우, 완성될 건물을 양도담보로 제공하기로 하는 담보권 설정의 합의로 본 사안) 및 대판 2016. 4. 28. 2012다19659*(양도담보권의 목적인 주된 동산에 다른 동산이 부합되어 부합된 동산에 관한 권리자가 권리를 상실하는 손해를 입은 경우, 민법 제261조에 따라 보상을 청구할 수 있는 상대방은 양도담보권설정자)는 후자에 해당한다.

5)　점유개정에 의한 양수의 경우 선의취득을 부인하는 이유에 대한 보다 자세한 내용은 이 교재의 [제4문]의 설문 1 참조.

Ⅲ. D가 목적물반환청구권의 양도에 의한 인도로 기계를 선의취득할 수 있는지 여부

기계의 소유권이 A에게 있음에도, B는 기계를 D에게 대물변제하기로 하고 목적물반환청구권의 양도에 의한 방법으로 이를 D에게 인도해주었다.

목적물반환청구권의 양도에 의한 점유취득으로도 선의취득은 가능하므로(대판 1999. 1. 26. 97다48906*)[6], [7] D가 B의 무권리성에 대하여 선의이며 과실 없이 평온, 공연하게 기계를 양수하였다면 선의취득에 의하여 기계의 소유권자가 된다. 그런데 양수인의 점유취득에 있어서 선의, 평온, 공연은 민법 제197조 제1항에 의하여 추정되지만, 무과실은 추정되지 않으므로 선의취득을 주장하는 자가 입증하여야 한다(대판 1981. 12. 22. 80다2910). 양수인의 과실이란 양수인이 양도인의 처분권자로서의 지위에 관하여 판단함에 있어 거래상 요구되는 주의의무를 위반하는 것을 말하고 무과실의 판단에 있어 구체적 사안에서 거래의 성질, 상황, 물건의 가액, 양도인의 재산상태, 거래관행, 상관습, 종래의 당사자 간의 관계 등을 종합적으로 고려하지 않으면 안 된다. 예를 들어 대물변제나 양도담보의 경

---

6) 다만, 판례는 이 사안과 같이 목적물을 원권리자로부터의 수탁자 외의 자가 보관하고 있는 사안에 대한 것이고, 점유개정과 유사한 사안 즉 목적물을 원권리자로부터의 수탁자가 보관하고 있는 경우에 대하여는 아직 판례가 없다.

7) 목적물반환청구권의 양수에 의한 선의취득을 긍정하는 이유로는 반환청구권의 양도 통지와 같은 채권양도의 대항요건(민법 제450조)에 의하여 점유의 이전이 공시된다는 점 등을 든다.

우와 같이 거래가 통상의 방법에 의하여 이루어지지 않을 때에는 양
수인은 양도인의 법적 지위에 대하여 보다 세심한 주의를 기울여야
한다.

이러한 관점에서 보면 D는 B가 채무를 변제하지 못하고 있는 상
황에서 통상적인 방법에 의한 일반적인 거래라고 볼 수 없는 대물변
제로 기계의 점유를 취득한 경우인데도 B가 기계의 권리자인지 여
부를 확인하기 위한 아무런 조치를 취하지 않았으므로 B의 무권리
성을 알지 못한 데에 과실이 있다고 볼 여지가 있다.[8] 이와 같이 D에
게 과실이 있다면 D는 기계의 소유권자가 될 수 없고 따라서 D의 소
유권 주장은 이유 없다.

Ⅳ. 결론

A에게 기계의 소유권이 유보되어 있고, D와 F는 기계의 소유권
을 선의취득하지 못하였다. A의 소유권 주장이 옳다.

2. 기계를 생산하는 공장을 경영하는 甲은 2020. 4. 1. 그의
   채권자 乙과의 사이에 위 공장 내 증감변동(반입, 반출 포함)하게
   될 甲 소유의 기계 및 모터 100대를 하나의 물건으로 보아 1년

---

8)   대물변제의 일환으로 이루어진 목적물반환청구권 양도에 의한 선의취득이 부정된 대
      판 1999. 1. 26. 97다48906 참조.

간 계속하여 채권담보의 목적으로 삼으려는 이른바 집합물에 대한 양도담보권설정계약을 설정하여 乙이 양도담보권을 취득하였다. 그 후 2020. 5. 1. 甲은 丙으로부터 위 기계의 부속에 해당하는 모터 10대(이하 '이 사건 모터 10대'라고 한다)를 소유권유보부매매에 의하여 매수하고 1회분 대금만 납부한 상태에서 현실인도를 받아 공장에 반입하였다. 그런데 甲은 대금을 완제하기 전에 이 사건 모터 10대의 정비를 의뢰하여 이를 정비소에 인도하고 보관시킨 상태에서 또 다른 채권자인 丁에게 이 사건 모터 10대를 양도담보로 제공하기로 약정하고 같은 날 정비소에 양도사실의 통지까지 마쳤다. 丁이 위 점유를 취득함에 있어서 甲의 처분권이 없음을 의심할 만한 사정은 없었다.

양도담보에 대한 신탁적 소유권이전설의 입장에 의할 때, 이 사건 모터 10대의 소유자는 누구인가? 논거를 들어 설명하라.

I. 논점

소유권유보부매매, 선의취득, 집합물의 양도담보의 법리가 문제된다.

II. 논거 및 결론

이 사건 모터 10대는 丙에게 소유권을 유보한 매매이므로 타인이 선의취득하지 않는 한, 일응 丙에게 소유권이 있다.

그러므로 丁의 선의취득 여부에 대하여 보건대, 무권리자 甲으로부터 매수하였지만, 선의취득의 요건(제249조) 중 선의, 평온 및 공연한 점유취득은 추정되며(제197조 제1항) 사안에 의하여 무과실은 입증되므로 양도담보권(소유권)을 취득한다.

한편 위 모터 10대는 乙이 집합물에 관한 양도담보권을 취득한 이후에야 甲의 공장 내로 반입되었고, 제3자인 丙의 소유물이 반입된 것이어서 乙의 양도담보권설정계약에 정한 담보목적물의 구성부분이 될 수 없다(대판 2016. 4. 28. 2012다19659*).

결국 이 사건 모터 10대의 소유자는 丁이다.

3. 乙은 2017. 12. 5. 甲에게 3천만 원을 변제기는 2년 후, 이자는 연 5%로 하여 차용하고 위 채무의 담보로 그 소유의 X 부동산(당시 시가 4천만 원)에 甲 명의의 소유권이전등기를 마쳤다. 그러나 乙은 변제기에 채무를 변제하지 못하였고, 甲은 변제기 다음 날 청산절차를 거치지 않은 채, 이러한 사실을 모르는 丙에게 X 부동산을 매도하고 소유권이전등기를 마쳐주었다.

乙은, 2019. 12. 30. 그때까지의 채무원리금을 甲에게 이행제공하면서, 가등기담보에 관한 법률이 정한 청산금을 甲으로부터 받지 못하였으므로 자신에게 여전히 소유권이 있음을 이유로, 甲 및 丙을 상대로 각 소유권이전등기의 말소등기를 구한다.

乙의 청구는 인용될 수 있는지를 이유를 들어 판단하라.

I. 결론

乙의 甲 및 丙에 대한 청구는 모두 인용되지 않는다.

II. 논거

사안에서 乙은 금전채무담보의 목적으로 소유권이전등기를 甲에게 경료하였고, 위 소유권이전등기 당시 X 부동산의 가액이 변제기까지의 채무원리금을 초과하므로 가등기담보에 관한 법률(이하 '가담법')이 적용된다(제1조).

채권자인 甲으로서는 X 부동산에 대하여 이미 소유권이전등기를 마쳤지만, 이는 담보목적의 등기이므로 청산기간이 지난 후 청산금을 乙에게 지급한 때에 그 소유권을 취득한다(제4조 제2항). 그러므로 채무자 乙로서는 청산금채권을 변제받기 전에는 여전히 X 부동산의 소유자이며, 위 청산금채권을 변제받을 때까지 그 채무액(반환할 때까지의 이자와 손해금을 포함)을 甲에게 지급하고 甲을 상대로 그 소유권이전등기의 말소를 청구할 수 있다(제11조 본문).

그러나 乙이 제11조 본문이 정한 절차를 취하기 전에 선의의 제3자인 丙에게 소유권이 이전되었는바, 이 경우에 乙이 청산금을 지급받지 못하였다고 하더라도 丙은 소유권을 취득한다(제11조 단서). 이로써 乙로서는 소유권을 상실하므로, 소유권에 기한 반환청구권을 행사할 수 없다.

4. X는 2019. 8. 13. B 회사와 사이에 X의 B 회사에 대한 물품대금채권을 담보하기 위하여 B회사의 A회사에 대한 채권(이하 '이 사건 채권'이라 한다)에 관하여 동산·채권 담보에 관한 법률이 정하는 바에 따라 채권최고액 3억 원의 담보권(이하 '이 사건 담보권'이라 한다)을 설정하기로 하는 계약을 체결하였고, 이에 따라 2019. 8. 14. 담보권의 설정등기를 마쳤다.

그런데 위 담보권 설정사실에 대한 하등의 통지나 승낙이 없는 상태에서, B회사는 2019. 8. 28. Y에게 이 사건 채권을 양도하고, 2019. 10. 1. A회사에게 내용증명우편으로 채권양도사실을 통지하였으며, 그 통지는 2019. 10. 2. A회사에 도달하였다. 이에 A회사는 2019. 10. 31. Y에게 이 사건 채권을 변제하였다.

X는 Y를 상대로 이 사건 소송을 제기하여, A회사로부터 변제받은 것에 대한 부당이득반환을 청구하였다. 위 청구의 인용 여부를 이유를 들어 판단하라.

I. 결론

X의 청구는 인용된다.

II. 논거

동산·채권 등의 담보에 관한 법률(이하 '동산채권담보법'이라 한다)에 의하면, 채권담보권의 득실변경에 있어서 담보권등기는 제3자에 대한 대항요건이고(제35조 제1항), 제3채무자에 대한 대항요건은 담보권자 또는 담보권설정자가 제3채무자에게 동법 제52조의 등기사항증명서를 건네주는 방법에 의한 통지 또는 제3채무자의 승낙이며(동조 제2항), 동일한 채권에 관하여 담보등기부의 등기와 민법상 채권양도의 통지 또는 승낙이 있는 경우에 담보권자 또는 담보의 목적인 채권의 양수인은 제3채무자 외의 제3자에게 등기와 그 통지의 도달 또는 승낙의 선후에 따라 그 권리를 주장할 수 있다(동조 제3항).

사안에서 X는 이 사건 채권에 대한 담보권을 취득하고 제3자에 대한 대항요건인 담보등기를 마쳤으나 동법 제35조 제2항이 정한 제3채무자에 대한 대항요건을 갖추지 못하였으므로, A회사로서는 이 사건 채권을 양수하고 대항요건을 갖춘 제3자인 Y에게 유효하게 채무를 변제할 수 있고 이로써 채권담보권자인 X에 대하여도 면책된다.

그러나 X와 Y 간 우열은 X의 담보등기와 Y에 대한 채권양도의 통지의 선후에 의하므로 Y는 X에 대하여 후순위이다. 그럼에도 불구하고 Y가 X의 우선변제적 지위를 침해하여 이익을 받은 것이 되므로, X는 Y에게 부당이득으로서 그 변제받은 것의 반환을 청구할 수 있다(대판 2016. 7. 14. 2015다71856, 71863).

[본문 중의 표준판례]

대법원 1999. 1. 26. 선고 97다48906 판결 - 227.
: 동산 소유권유보부 매매의 매수인이 제3자에게 위 동산을 보관시킨 경우, 매수인이 그 점유반환청구권을 양수인에게 양도하고 지명채권 양도의 대항요건을 갖추면 동산의 선의취득에 필요한 점유의 취득 요건을 충족하는지 여부(적극)

대법원 2016. 4. 28. 선고 2012다19659 판결 - 354.
: 집합양도담보물에 제3자 소유물이 반입, 부합되어 부합된 동산에 관한 권리자가 권리를 상실하는 손해를 입은 경우에 민법 제261조에 따라 보상을 청구할 수 있는 상대방(=양도담보권설정자)

[관련 표준판례]

대법원 2015. 2. 26. 선고 2014다21649 판결 - 210.
: 양도담보권설정자가 양도담보부동산을 20년간 소유의 의사로 평온, 공연하게 점유한 경우, 양도담보권자를 상대로 점유취득시효를 원인으로 하여 담보 목적으로 경료된 소유권이전등기의 말소 또는 양도담보권설정자 명의로의 소유권이전등기를 구할 수 있는지 여부(소극)

대법원 2004. 10. 28. 선고 2003다30463 판결 - 226.
: 점유개정의 방법으로 동산에 대한 이중의 양도담보 설정계약이 체결된

경우, 뒤에 설정계약을 체결한 후순위 채권자가 양도담보권을 취득할 수
있는지 여부(소극)

대법원 2004. 11. 12. 선고 2004다22858 판결 - 353.
: 유동집합물에 대한 양도담보의 효력이 미치는 목적물의 범위

대법원 2004. 4. 27. 선고 2003다29968 판결 - 350.
: 가등기나 소유권이전등기가 금전소비대차나 준소비대차에 기한 차용
금반환채무와 그 외의 원인으로 발생한 채무를 동시에 담보할 목적으로
경료되었으나 그 후 금전소비대차나 준소비대차에 기한 차용금반환채무
만이 남게 된 경우, 그 가등기담보나 양도담보에 가등기담보등에관한법
률이 적용되는지 여부(적극)

대법원 2011. 7. 14. 선고 2011다28090 판결 - 351.
: 가등기담보권 설정 후 이해관계 있는 제3자가 생긴 상태에서 새로운 약
정으로 기존 가등기담보권에 피담보채권을 추가하거나 피담보채권의 내
용을 변경, 확장하는 경우, 피담보채권으로 추가, 확장한 부분이 이해관
계 있는 제3자에 대한 관계에서 우선변제권 있는 피담보채권에 포함되
는지 여부(소극)

대법원 2002. 12. 10. 선고 2002다42001 판결 - 352.
: 가등기담보등에관한법률에 위반하여 이루어진 담보가등기에 기한 본
등기의 효력(원칙적 무효)

대법원 2018. 7. 12. 선고 2018다223269 판결 – 355.

: 담보권자가 담보제공자 아닌 제3자 소유의 토지를 담보물로 이용한 경우, 현실적인 점유를 수반하지 아니하는 가치권의 이용만으로 담보권자에게 현실적인 이익이 있었다고 할 수 있는지 여부(소극) 및 그로 인하여 제3자의 점유가 방해되었다고 할 수 있는지 여부(소극)